APPRENDRE
LE CATALAN

OBJECTIF LANGUES

APPRENDRE LE CATALAN

Niveau débutants A2

LLOMBART HUESCA Maria

LA COLLECTION

OBJECTIF LANGUES

À PROPOS DU CADRE EUROPÉEN COMMUN DE RÉFÉRENCE POUR LES LANGUES

À partir de quel moment peut-on considérer que l'on « parle » une langue étrangère ? Et quand peut-on dire qu'on la parle « correctement », couramment ? Voire qu'on la « maîtrise » ? Cette question agite les spécialistes de la linguistique et de l'enseignement depuis toujours. Elle pourrait être de peu d'intérêt si les locuteurs d'aujourd'hui n'avaient pas à justifier leurs compétences dans ce domaine, notamment pour accéder à l'emploi.

C'est en partie pour répondre à cette question que le Cadre européen commun de référence pour les langues (CECRL), appelé plus communément « Cadre européen des langues », a été créé par le Conseil de l'Europe en 2001. Sa vocation première est de proposer un modèle d'évaluation de la maîtrise des langues neutre et adapté à toutes les langues afin de faciliter leur apprentissage sur le territoire européen. À l'origine, il entendait favoriser les échanges et la mobilité, mais aussi mettre un peu d'ordre dans les tests d'évaluation privés qui fleurissaient à la fin du XXe siècle et qui étaient, la plupart du temps, propres à une langue.

Plus de 15 ans après son lancement, son succès est tel qu'il a dépassé les simples limites de l'Europe et qu'il est utilisé dans le monde entier ; pour preuve, son cahier des charges est disponible en 39 langues. Les enseignants, les recruteurs et les entreprises y ont largement recours et les praticiens « trouvent un avantage à travailler avec des mesures et des normes stables et reconnues[1]. »

LES 6 NIVEAUX DU CADRE EUROPÉEN DES LANGUES

Le cadre européen se divise en 3 niveaux généraux et en 6 niveaux communs de compétence :

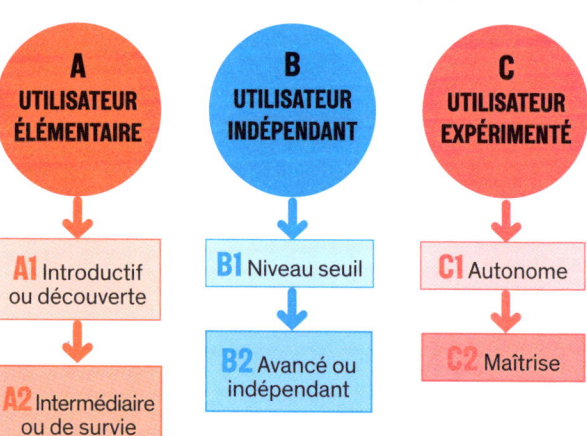

Chacun des niveaux communs de compétence est détaillé selon des activités de communication langagières :

- la production orale (parler) et écrite (écrire) ;
- la réception (compréhension de l'oral et de l'écrit) ;
- l'interaction (orale et écrite) ;
- la médiation (orale et écrite) ;
- la communication non verbale.

Dans le cadre de notre méthode d'apprentissage et de son utilisation, les activités de communication se limitent bien sûr à la réception (principalement) et à la production (un peu). L'interaction, la médiation et la communication non verbale s'exercent sous forme d'échanges en rencontrant des locuteurs et/ou en échangeant avec eux (avec ou sans présence réelle pour dire les choses autrement).

LES COMPÉTENCES DU NIVEAU A2

Avec le niveau A2, je peux :
- **comprendre** des expressions et des messages simples et très fréquents ;
- **lire** des textes courts et trouver une information dans des documents courants ;
- **comprendre** des courriers personnels courts et simples ;
- **communiquer** lors de tâches simples et habituelles ;
- **décrire** en termes simples ma famille, d'autres gens, mes conditions de vie, ma formation et mon activité professionnelle ;
- **écrire** des notes et des messages courts et simples.

La plupart des méthodes d'auto-apprentissage de langues actuelles utilisent la mention d'un des niveaux du cadre de référence (la plupart du temps B2), mais cette catégorisation a souvent été faite *a posteriori* et ne correspond pas forcément à leur cahier des charges.

En suivant les leçons à la lettre, en écoutant les dialogues et en faisant les exercices proposés, vous parviendrez au niveau A2. Mais n'oubliez pas qu'il ne s'agit que d'un début. Le plus important commence ensuite : échanger avec des locuteurs natifs, entretenir sa langue et ne pas la laisser rouiller et, ainsi, améliorer sans cesse la compréhension et l'expression.

1. *Cadre européen commun de référence pour les langues,* Éditions Didier (2005).

APPRENDRE LE CATALAN

NOTIONS

- LE CATALAN
- LA PHONÉTIQUE
- L'ACCENT TONIQUE
- LA PRONONCIATION ET L'ACCENT GRAPHIQUE DES VOYELLES
- LA PRONONCIATION DES CONSONNES

■ LE CATALAN

Le territoire linguistique catalan s'étend sur presque 65 000 km² et compte environ 10 millions de locuteurs. En Espagne, le catalan, qui est aussi connu sous le nom de « valencien » dans une partie du territoire, est parlé en Catalogne, au Pays Valencien, aux îles Baléares (régions où il est co-officiel avec le castillan) ainsi que dans la Frange d'Aragon. En dehors de l'Espagne, le catalan est parlé en Catalogne du Nord (à savoir la Catalogne française, correspondant globalement au département des Pyrénées-Orientales) et dans la principauté d'Andorre. Mentionnons la particularité de la ville d'*Alghero* (**L'Alguer**), enclave sarde qui a gardé l'usage du catalan. Outil de communication, la langue jouit d'un statut multiple : elle est la seule langue officielle en Andorre, elle est régionale en Catalogne française et en Sardaigne, et langue co-officielle sur le domaine espagnol.

■ LA PHONÉTIQUE

La langue catalane se définit par l'ensemble de ses variétés dialectales : le catalan septentrional, le catalan central, le catalan nord-occidental, l'alguerois, le baléare et le valencien. Pour cet ouvrage, nous allons utiliser la variété centrale, mais il est important de noter que lorsque vous allez parcourir les différentes régions, vous aurez l'occasion d'entendre différentes variétés dialectales sans que l'une soit plus correcte que l'autre et, qui, dans leur ensemble, témoignent de la richesse de la langue.

Nous vous proposons, ici, quelques notions à retenir concernant la phonétique ainsi que les quelques particularités qui peuvent être utiles aux locuteurs francophones.

■ L'ALPHABET CATALAN

Voici l'alphabet et le nom de chaque lettre :

A [a], B [be], C [ce], D [de], E [e], F [efa], G [ge], H [hac], I [i], J [jota], K [ca], L [ela], M [ema], N [ena], O [o], P [pe], Q [cu], R [erra], S [essa], T [te], U [u], V [ve baixa], W [ve doble], X [ics]/[xeix], Y [i grega], Z [zeta].

En catalan, nous rencontrons le **ç**, appélée **ce trencada**, *c cedille*. Il s'agit de la lettre **C** de l'alphabet catalan, prononcée [s] devant les voyelles **a**, **o**, **u** ou en fin de mot. **França**, *France*.

■ L'ACCENT TONIQUE

Tout comme le français, l'alphabet catalan compte 26 lettres. Comme dans toutes les langues latines, l'accent tonique revêt une grande importance. Il établit la syllabe sur laquelle l'intensité de la prononciation est la plus forte, déterminant ainsi la partie du mot qui est articulée avec le plus de force.

De plus, l'accent tonique influe sur la prononciation de certaines voyelles, selon qu'elles sont accentuées ou non.

On distingue deux types de mots : ceux qui sont marqués par un accent graphique, comme **cançó**, *chanson* ; **germà**, *frère* ; **política**, *politique*, etc. et ceux qui n'en ont pas comme **mare**, *mère* ; **cotxe**, *voiture* ou **germana**, *soeur*.

Écoutez et répétez.

a. **rodó**	e. **ro**sa
b. **èxit**	f. **pa**re
c. **català**	g. **fe**sta
d. **física**	h. **ca**lenta

Selon la syllabe qui porte l'accent tonique, on les classe en :

• **paraules agudes**, *mots aigus* → la syllabe tonique est la dernière du mot : **a**mic, *ami* ;

• **paraules planes**, *mots plats* → la syllabe tonique est l'avant-dernière : **a**miga, *amie* ;

• **paraules esdrúixules**, *mots glissants* → la syllabe tonique est l'antépénultième (avant-avant-dernière syllabe) : **à**nima, *âme*.

En écoutant l'enregistrement, trouvez l'accent tonique dans les mots suivants et soulignez la syllabe accentuée.

a. **catalana**, *catalane*	h. **fotografia**, *photographie*
b. **informàtica**, *informatique*	i. **aniversari**, *anniversaire*
c. **professor**, *professeur*	j. **amic**, *ami*
d. **música**, *musique*	k. **vivim**, *nous habitons*
e. **oncles**, *oncles*	l. **record**, *souvenir*
f. **meravella**, *merveille*	m. **fòrmula**, *formule*
g. **germà**, *frère*	

Ce qu'il faut savoir pour mieux comprendre :

Lorsqu'un mot sans accent graphique termine par : **a**, **as**, **e**, **es**, **en**, **i**, **is**, **in**, **o**, **os**, **u** ou **us**, la syllabe tonique se situe sur l'avant-dernière syllabe : ca**sa**, *maison* ; **can**to, *je chante* ; **sos**tre, *plafond* ; **o**rigen, *origine*.

Les mots non terminés par ces 12 désinences portent leurs syllabes toniques sur la dernière syllabe : o**blit**, *oubli* ; a**mor**, *amour* ; amis**tat**, *amitié* ; ca**mins**, *chemins*.

Si le mot ne suit pas les règles précédentes, la syllabe tonique porte un accent écrit : so**fà**, *canapé* ; can**çó**, *chanson* ; his**tò**ria, *histoire* ; pè**sol**, *petit pois*.

Tous les mots accentués sur l'antépénultième portent un accent écrit : **mà**quina, *machine* ; po**lí**tica, *politique* ; secre**tà**ria, *secrétaire* ; **àm**fora, *amphore*.

Écoutez et répétez les mots suivants en marquant bien l'accent tonique.

a. **plan**to, *je plante*	e. **àn**gel, *ange*
b. **me**nut, *petit*	f. ca**mí**, *chemin*
c. ani**mal**, *animal*	g. per**dó**, *pardon*
d. **lla**pis, *crayon*	h. **mú**sic, *musicien*

■ LA PRONONCIATION ET L'ACCENT GRAPHIQUE DES VOYELLES

Voici la prononciation des voyelles selon la norme utilisée par une partie des locuteurs, ceux de la variété centrale. Toutefois, il est important d'insister qu'en raison des différentes variations dialectales, tous les locuteurs n'adoptent pas ces normes.

LES CINQ VOYELLES

Le **a** se prononce **[a]** lorsqu'il est accentué : de**mà**, *demain*, mais **[œ]** lorqu'il est atone, ca**sa**, *maison*. Lorsque l'accent graphique est présent, il sera toujours **à**.

Le **é** se prononce **[è]** : **mel**, *miel* ; **sè**rie, *série* ; **[é]** a**déu**, *au revoir* ; **[œ]** **ho**me, *homme*. L'accent graphique sera donc **é** ou **è**.

Le **i** se prononce comme en français : **di**ari, *journal* ; ca**mí**, *chemin*. L'accent graphique sera toujours **í**.

Le **o** se prononce ouvert **[ò]** : **do**na, *femme* ; ai**xò**, *cela* ; fermé **[ó]** : sa**bó**, *savon* ; ou encore **[ou]** *lorsqu'il est atone,* par**lo**, *je parle*. L'accent graphique, quand il le porte, sera **ó** ou **ò**.

Le **u** se prononce toujours **[ou]** : me**nú**, *menu* ; ri**dí**cul, *ridicule*. L'accent graphique sera toujours **ú**.

Écoutez et répétez.

a. ac**te**, *acte*	e. **fí**sic, *physique*
b. pai**sà**, *paysan*	f. car**bó**, *charbon*
c. ca**ra**, *visage*	g. ju**gar**, *jouer*
d. des**prés**, *après*	

LE GROUPE DE VOYELLES

À la différence du français, les voyelles conservent leur prononciation lorsqu'elles sont combinées avec d'autres voyelles : **ai** se prononce **[aï]**, **au** **[aou]**, **oi** **[oï]**, **eu** **[éou]** ou **[èou]**, **ei** **[éï]**, **ou** **[èï]**, **ui** **[ouï]**.

Écoutez et répétez.

a. **aire**, *air*	e. **peu**, *pied*
b. **aula**, *salle de classe*	f. **rei**, *roi*
c. **noi**, *garçon*	g. **avui**, *aujourd'hui*
d. **deu**, *dix*	h. **riu**, *fleuve*

LES VOYELLES DEVANT UN -M OU UN -N

En catalan, les voyelles ne subissent pas de nasalisation comme c'est le cas en français dans des mots tels que *vin*, *bon*, *blanc*, *pain*, etc.

Pour **-an** et **-am**, la prononciation correspond à *banane* ou *flamme*. Pour **-em**, elle est comparable à *système*. Il n'y a pas de nasalisation pour **-en** non plus. Enfin, pour **-on** et **-om**, la prononciation est celle de *femme* et *lionne*.

Écoutez et répétez.

a. **gran**, *grand*	f. **mirem**, *regardons*
b. **ancià**, *ancien*	g. **embotit**, *boudin*
c. **xampú**, *shampoing*	h. **conte**, *conte*
d. **ampolla**, *bouteille*	i. **pont**, *pont*
e. **tendre**, *tendre*	j. **colom**, *pigeon*

■ LA PRONONCIATION DES CONSONNES
QUELQUES PRONONCIATIONS PARTICULIÈRES

• **Le R :** Le **r** est toujours prononcé avec un roulement de la langue. Il est prononcé légèrement roulé en milieu et à la fin des mots, mais un peu plus prononcé au début d'un mot ou lorsqu'il y a deux **rr** : **rosa**, *rose* ; **arreu**, *partout* ; **pera**, *poire*.

En fin de mot, le **r** est muet dans la plupart des mots, comme **por**, *peur* ; **flor**, *fleur* ; **dur**, *dur* avec quelques exceptions comme : **car**, *cher*.

• **Le V et le B :** Dans les deux cas, en règle générale on prononce **[b]** : **bona**, *bonne* ; **vaca**, *vache*.

• **Le X :** Le **x** se prononce **[ks]** → **text**, *text* ; **[gz]** → **exemple**, *exemple* ; ou encore **[ch]** au début d'un mot → **xinès**, *chinois*, après une consonne → **porxo**, *porche*, après une voyelle suivie de **u** → **disbauxa**, *débauche* ; après un **i** → **peix**, *poisson*.

• **Le son QÜE et GÜE :** **gue** et **que** se prononce comme en français, mais avec le tréma, on prononcera **qüe [kouœ]**, **freqüent**, *frequent* et **güe [gouœ]**, **llengües**, *langues*.

LES DOUBLES CONSONNES

• **LT, MB, MP, ND et NT en fin de mot :** Lorsque les combinaisons **lt**, **mb**, **mp**, **nd** et **nt** se trouvent en fin de mot, la consonne finale ne se prononce pas : **alt**, *haut* ; **molt**, *très* ; **rumb**, *direction* ; **llamp**, *éclair* ; **font**, *fontaine*.

• **LL :** Le double **l** est un **l** mouillé, comme l'occitan ou le portugais lh, ou l'italien **gl**. : **lletra**, *lettre* ; **abella**, *abeille* ; **cavall**, *cheval*.

- **TLL :** **tll** se prononce comme un double **[l'y]** : **batlle**, *maire* ; **ametlla**, *amande* ; **bitllet**, *billet*.

- **NY :** Le **ny** équivaut au **gn** français : **Catalunya**, *Catalogne*.

- **IG :** En fin de mot, **ig** se prononce **[tch] puig**, *colline, montagne*. Attention le son **i** disparait, avec quelques exceptions, telle que **càstig**, *punition*.

- **IX :** Suivant une voyelle, **ix** se prononce **[ch] baix**, *bas*.

- **L·L :** Il s'agit d'un **l** géminé et se prononce comme un double **l**, **col·legi**, *collège*.

Écoutez et répétez.

a. **dalt**, *en haut*	e. **canya**, *canne*
b. **amb**, *avec*	f. **boig**, *fou*
c. **camp**, *champ*	g. **coix**, *boiteux*
d. **callar**, *se taire*	h. **al·lè**, *haleine*

I. SALUTATIONS ET PREMIERS CONTACTS

II. LA VIE QUOTIDIENNE

1. PREMIÈRE RENCONTRE 21

2. LA FAMILLE 29

3. ANNIVERSAIRE 37

4. VISITER LA VILLE 45

5. QUE FAIT-ON ? 53

6. FAIRE DES CHOIX 61

7. JOUER DE LA MUSIQUE 69

8. DEMANDER L'HEURE 79

9. TÂCHES MÉNAGÈRES 87

10. CHERCHER DU TRAVAIL 95

11. UNE TRADITION 103

12. ROUTINE QUOTIDIENNE 111

13. FAIRE DU SHOPPING 119

14. SE SENTIR MALADE 127

15. AU RESTAURANT 135

III.
EN VILLE

IV.
LES LOISIRS

16.
ORGANISER LES VACANCES 145

17.
QU'AS-TU FAIT
AUJOURD'HUI ? 153

18.
CHEZ LE MÉDECIN 161

19.
ENTRETIEN D'EMBAUCHE 169

20.
COMMENT ALLER À ? 177

21.
DANS UNE AGENCE
BANCAIRE 185

22.
BONNE ANNÉE 195

23.
RÉSERVER UN HÔTEL 203

24.
SPORTS D'AVENTURE 213

25.
ESCAPADE DE WEEK-END 221

26.
FAIRE LA FÊTE 229

27.
PRÉPARER LE MARATHON 237

28.
À LA GARE 245

29.
JARDINIER 253

30.
SI JE GAGNAIS AU LOTO 261

I

SALUTATIONS

ET

PREMIERS

CONTACTS

1. PREMIÈRE RENCONTRE

PRIMERA TROBADA

OBJECTIFS

- SALUER ET PRENDRE CONGÉ
- RÉPONDRE PAR OUI / NON
- PARLER DE SES ORIGINES
- LES PROFESSIONS ET LANGUES PARLÉES

NOTIONS

- L'INTERJECTION *OI?*
- L'ARTICLE PERSONNEL
- L'ARTICLE INDÉFINI SINGULIER
- LE PRONOM PERSONNEL
- LES VERBES *SER* / *ESTAR* (PRÉSENT DE L'INDICATIF, SINGULIER)
- LES VERBES DU 1ER GROUPE (TROIS PREMIÈRES PERSONNES)

SE SALUER

<u>Maria</u> : Salut, Jordi !

<u>Jordi</u> : Bonjour, Maria ! Comment ça va ?

<u>Maria</u> : Ça va bien, merci. J'attends Jean-Louis, un ami.

<u>Jordi</u> : Jean-Louis ? D'où est-il ? Il est français ?

<u>Maria</u> : Oui, il est de Montpellier. C'est *([Elle] est)* une ville française très jolie.

<u>Jordi</u> : Tu es catalane ?

<u>Maria</u> : Oui, je suis de Gérone.

<u>Jordi</u> : Jean-Louis travaille à Barcelone ?

<u>Maria</u> : Oui, il est journaliste, mais il étudie les langues.

<u>Jordi</u> : Tu es aussi journaliste, n'est-ce pas ?

<u>Maria</u> : Non, je suis informaticienne. Et toi ?

<u>Jordi</u> : Je suis professeur de catalan. Jean-Louis parle catalan ?

<u>Maria</u> : Un peu. Il parle également castillan, anglais et portugais.

<u>Jordi</u> : Quelle chance ! Eh bien, je vais en cours.

<u>Maria</u> : À bientôt !

<u>Jordi</u> : Au revoir !

03 TROBAR-SE

<u>Maria</u>: Hola Jordi!

<u>Jordi</u>: Bon dia, Maria! Com estàs?

<u>Maria</u>: Estic bé, gràcies. Espero el Jean-Louis, un amic.

<u>Jordi</u>: Jean-Louis? D'on és? És francès?

<u>Maria</u>: Sí, és de Montpeller. És una ciutat francesa molt maca.

<u>Jordi</u>: Tu ets catalana?

<u>Maria</u>: Sí, soc de Girona.

<u>Jordi</u>: I el Jean-Louis treballa a Barcelona?

<u>Maria</u>: Sí, és periodista, però també estudia llengües.

<u>Jordi</u>: Tu també ets periodista, oi?

<u>Maria</u>: No, jo soc informàtica. I tu?

<u>Jordi</u>: Jo soc professor de català. El Jean-Louis parla català?

<u>Maria</u>: Una mica. També parla castellà, anglès i portuguès.

<u>Jordi</u>: Quina sort! Bé, vaig a classe.

<u>Maria</u>: Fins aviat!

<u>Jordi</u>: Adéu!

■ COMPRENDRE LE DIALOGUE
SALUER ET PRENDRE CONGÉ

→ **Hola!** *Salut !* est la salutation informelle, elle est souvent suivie d'un **Bon dia!** Le catalan est moins formel que le français, **Hola!** est largement utilisé.
→ **Bon dia**, *Bonjour* reste une formule commune pour saluer une personne. Vous pouvez l'utiliser dans tout type de contextes et jusqu'à une heure avancée de la journée. À partir de 14 h, on privilégie **Bona tarda**, *Bonne après-midi*. Le soir, vers 21 h, on dira plutôt **Bona nit**, *Bonsoir* ou *Bonne nuit*.
→ **Fins aviat**, *À bientôt* et **Adéu**, *Au revoir* sont des formules passe-partout. Si l'on a prévu de se revoir le lendemain, on dira plutôt **Fins demà**, *À demain*.

RÉPONDRE PAR OUI / NON

Les adverbes utilisés pour marquer l'accord ou le désaccord sont **sí**, *oui* et **no**, *non* : **Sí, és periodista**, *Oui, il est journaliste* ; **No, jo soc informàtica**, *Non, je suis informaticienne*. **No** + verbe signifie *ne pas* : **No soc periodista**, *Je ne suis pas journaliste*. Parfois, on entendra également la particule **pas** : **No soc pas periodista**, *Je ne suis pas journaliste*.

L'INTERJECTION *OI?*

L'interjection **oi?**, *n'est-ce pas ?* s'emploie pour demander confirmation. Parfois, elle peut être renforcée, **oi que sí?**, *n'est-ce pas ?*

◆ GRAMMAIRE
L'ARTICLE PERSONNEL

En catalan, les prénoms et les noms sont précédés d'un article : **el** ou **en** devant un prénom masculin commençant par une consonne, au choix : **El Jean-Louis** ou **En Jean-Louis** ; **la** devant un prénom féminin qui commence par une consonne : **La Maria** ; **l'** si le prénom commence par une voyelle : **L'Alba, L'Ignasi**.

L'ARTICLE INDÉFINI SINGULIER

Un, *un* / **una**, *une* : **un amic**, *un ami* ; **una ciutat**, *une ville*.

LES PROFESSIONS

En règle générale, quand une profession est au féminin, on ajoute un **-a** à la fin : **informàtic**, *informaticien* → **informàtica**, *informaticienne* ; **professor**, *professeur* → **professora**, *professeure*. Certaines professions sont invariables, notamment celles finissant par **-ista** : **periodista**, *journaliste*, mais également par **-ant** : **cantant**, *chanteur*. La racine du mot souffre parfois quelques modifications, **degà**, *doyen* → **degana**, *doyenne* ; **metge**, *docteur* → **metgessa**, *docteure*.

▲ CONJUGAISON
LE PRONOM PERSONNEL

Voici les pronoms des trois premières personnes du singulier : **jo**, **tu**, **ell/ella**.

En catalan, le verbe est souvent utilisé sans pronom personnel, sauf pour marquer l'insistance : **és periodista**, *il est journaliste* → **Ell és periodista i jo soc informàtica**, *Il est journaliste et je suis informaticienne*.

LES VERBES *SER* ET *ESTAR*

Com estàs? littéralement « Comment es-tu ? » *Comment vas-tu ?* Du verbe **estar**, *être*. En catalan, le verbe *être* a deux traductions possibles, **ésser** et **estar**. Retenons pour le moment : **estar bé/malament**, *être bien/mal*.

Ser, *être* pour « être originaire de » : **D'on és? És de Montpeller**, *Il est d'où ? Il est de Montpellier*. Pour affirmer une qualité ou l'attribut d'un sujet : **Jo sóc informàtica/professora**, *Je suis informaticienne/professeure*.

Ser, *être*	**Estar**, *être*
jo soc, *je suis*	**jo estic**, *je suis*
tu ets, *tu es*	**tu estàs**, *tu es*
ell/ella és, *il/elle est*	**ell/ella està**, *il/elle est*

QUELQUES VERBES USUELS (PREMIÈRE CONJUGAISON)

Vous avez rencontré quelques verbes de la première conjugaison (infinitif en **-ar**) : **treballar**, **esperar**, **estudiar**, **parlar**. Voici les trois personnes du présent.

Treballar, *travailler*
jo treballo, *je travaille*
tu treballes, *tu travailles*
ell/ella treballa, *il/elle travaille*

Vous remarquerez aussi **vaig**, *je vais* verbe irrégulier (**anar**, *aller*).

● EXERCICES

1. TRADUISEZ CES PHRASES.
a. Bon dia Alba. Com estàs? ....

b. Soc cantant. I tu? ....

c. El Joan parla català, espanyol i francès. ....

d. D'on ets? No ets de Barcelona, oi? ....

e. Estudio llengües però soc informàtic. ....

2. METTEZ CES PHRASES AU FÉMININ.
a. Ell és periodista. És informàtic. ....

b. El professor és de Barcelona. ....

c. Ell també és informàtic. ....

d. Ell és el degà. ....

e. Jo no soc metge, soc cantant. ....

3. CONJUGUEZ AU PRÉSENT DE L'INDICATIF LE VERBE ENTRE PARENTHÈSES.
a. L'Ignasi (ser) .... de València. (esperar) .... un amic.

b. L'Anna (treballar) .... a Tarragona i (parlar) .... francés.

c. Com (estar/tú) .... ? Jo (estar/jo) .... bé.

d. La ciutat (ser) .... molt maca.

4. VRAI OU FAUX ? ÉCOUTEZ LE DIALOGUE ET COCHEZ LA BONNE RÉPONSE.
a. La professora de francès és l'Anna.   ☐ VRAI   ☐ FAUX

b. El Santiago és portuguès.   ☐ VRAI   ☐ FAUX

c. L'amic de Santiago és el professor de portuguès.   ☐ VRAI   ☐ FAUX

d. L'Eva és periodista.   ☐ VRAI   ☐ FAUX

e. L'Eva és de Girona.   ☐ VRAI   ☐ FAUX

● VOCABULAIRE

adéu, *au revoir*
amic, *ami*
anar, *aller*
anglès/anglesa, *anglais/e*
bé, *bien*
bon dia, *bonjour*
castellà, *castillan*
català/catalana, *catalan/ne*
ciutat, *ville*
classe, *cours*
com, *comment*
esperar, *attendre*
ésser, *être*
estar, *être*
estudiar, *étudier*
fins aviat, *à bientôt*
francès/francesa, *français/e*
gràcies, *merci*
hola, *salut*
informàtic/informàtica, *informaticien/ne*
llengua, *langue*
maco/maca, *joli/e*
mica, *peu*
molt, *très*
oi, *n'est-ce pas*
on, *où*
parlar, *parler*
periodista, *journaliste*
però, *mais*
portuguès/portuguesa, *portugais/e*
professor/professora, *professeur/e*
sí/no, *oui/non*
sort, *chance*
també, *aussi, également*
treballar, *travailler*

NOTE CULTURELLE

Si vous envisagez de vous rendre dans l'un des territoires où le catalan est parlé, que ce soit pour étudier, travailler ou faire du tourisme, apprendre la langue vous sera très utile. Sur place, vous pouvez continuer à l'étudier. En Catalogne, parmi les centres et organisations qui proposent des cours de catalan, vous pourrez vous tourner vers des organismes payants tels le **Consorci per a la Normalització Lingüística**, le *Consortium pour la normalisation linguistique*, les écoles officielles de langues, les centres de formation pour adultes et les universités catalanes. Des bourses sont parfois offertes à ceux qui souhaitent suivre des cours de catalan comme langue étrangère.

2.
LA FAMILLE
LA FAMILIA

OBJECTIFS

- SE PRÉSENTER
- PARLER DE LA FAMILLE

NOTIONS

- L'ARTICLE DÉFINI
- LE DÉMONSTRATIF
- L'ADJECTIF POSSESSIF
- LE PRONOM INTERROGATIF
- LA FORMATION DES NOMS FÉMININS
- LA FORMATION DU PLURIEL
- LE VERBE *SER* (PLURIEL)
- LES VERBES IRRÉGULIERS (*DIR-SE, TENIR*)

PHOTO DE FAMILLE

Nil : Bonjour, je m'appelle Nil. Comment tu t'appelles ?

Alba : Je suis Alba.

Nil : Enchanté. Cette photo est très belle ! Est-ce ta famille ?

Alba : Oui, c'est une photo ancienne. Cette petite fille, c'est moi, enfant.

Nil : Et ceux-là, qui sont-ils ?

Alba : Ce sont mes parents.

Nil : Comment s'appellent-ils ?

Alba : Ma mère s'appelle Montserrat et mon père Jordi.

Nil : Et ces deux hommes ?

Alba : Ce sont mes oncles : les frères de ma mère.

Nil : Ces filles sont tes sœurs ?

Alba : Non, ce sont mes cousines.

Nil : Tu n'as pas de frères ?

Alba : Si, j'ai un frère aîné et une sœur cadette.

Nil : Ce sont tes grands-parents ?

Alba : Oui, *(le)* grand-père et *(la)* grand-mère.

Nil : Quelle merveille !

04 FOTO DE FAMÍLIA

Nil: Hola, em dic Nil. Com et dius?

Alba: Jo soc l'Alba.

Nil: Encantat. Aquesta foto és molt maca! És la teva família?

Alba: Sí, és una foto antiga. Aquesta nena soc jo, de petita.

Nil: I aquests, qui són?

Alba: Són els meus pares.

Nil: Com es diuen?

Alba: La meva mare es diu Montserrat i el meu pare Jordi.

Nil: I aquests dos homes?

Alba: Són els meus oncles: els germans de la meva mare.

Nil: Aquestes noies són les teves germanes?

Alba: No, són les meves cosines.

Nil: Tu no tens germans?

Alba: Sí, tinc un germà gran i una germana petita.

Nil: Aquests són els teus avis?

Alba: Sí, l'avi i l'àvia.

Nil: Quina meravella!

COMPRENDRE LE DIALOGUE
SE PRÉSENTER

→ Pour dire *s'appeler*, le catalan utilise le verbe **dir-se**, *se dire*. **Com et dius?** *Comment tu t'appelles ?* On répondra **Em dic…**, *Je m'appelle…* ou **Jo soc…**, *Je suis…*
→ Quelques formules de courtoisie lors d'une présentation : **Encantat/Encantada**, **Molt de gust**, **Tant de gust**. Elles correspondent toutes au français *Enchanté/e*.

NOTE CULTURELLE

Jordi et **Montserrat** sont deux prénoms traditionnels catalans. **Montserrat** est le nom de la montagne la plus emblématique de la Catalogne, où se trouve **Nostra Senyora de Montserrat**, *Notre-Dame de Montserrat*, Vierge noire également connue comme **la Moreneta**, *la Brunette*, patronne de la Catalogne, célébrée le 24 septembre. Le patron de la Catalogne, **Sant Jordi**, *Saint Georges*, est célébré le 23 avril.

◆ GRAMMAIRE
L'ARTICLE DÉFINI

	Masculin	Féminin
Singulier	**el (l')**, *le (l')*	**la (l')**, *la (l')*
Pluriel	**els**, *les*	**les**, *les*

En catalan, **el** et **la** s'élident en **l'** devant un mot commençant par une voyelle ou un **h** : **l'avi**, *le grand-père* / **l'àvia**, *la grand-mère* ; **l'hospital**, *l'hôpital*.

LE DÉMONSTRATIF

Les démonstratifs **aquest**, *ce* / **aquesta**, *cette* / **aquests**, *ces* / **aquestes**, *ces* se rapportent à quelque chose de proche.

aquest nen	*cet enfant*
aquesta foto	*cette photo*
aquests homes	*ces hommes*
aquestes noies	*ces filles*

* Vous l'aurez remarqué dans le dialogue. Le **s** d'**aquest** ne se prononce pas. En revanche, il est recommandé qu'il soit prononcé lorsque le mot suivant commence par une voyelle ou un **h**.

L'ADJECTIF POSSESSIF

En catalan, l'adjectif possessif est précédé de l'article lorsqu'il se place devant le nom. Il traduit le français *mon/ma* ; *ton/ta* ; *son/sa* ; *mes/tes/ses*. Retenez pour le moment ceux-ci.

el meu	mon	la meva	ma
el teu	ton	la teva	ta
el seu	son	la seva	sa
els meus	mes	les meves	mes
els teus	tes	les teves	tes
els seus	ses	les seves	ses

LE PRONOM INTERROGATIF

Le pronom interrogatif **Qui**, *Qui*, est équivalent à *quelle personne ?*
Qui és?, *Qui est-il/elle ?* ; **Qui són?**, *Qui sont-ils/elles ?*

LA FORMATION DES NOMS FÉMININS

Nous l'avons vu, le féminin se forme généralement en ajoutant la terminaison -a à la forme masculine : **el nen**, *le garçon* → **la nena**, *la fille* ; **l'avi**, *le grand-père* → **l'àvia**, *la grande-mère* ; **el fill**, *le fils* → **la filla**, *la fille*.
Remarquons une particularité : quand un nom masculin est terminé par une voyelle accentuée, on ajoutera -na pour former le féminin : **el cosí**, *le cousin* → **la cosina**, *la cousine* ; **el germà**, *le frère* → **la germana**, *la sœur*. Nous aurons l'occasion de rencontrer d'autres particularités.

LA FORMATION DU PLURIEL

En général, les noms forment le pluriel en ajoutant un -s : **el pare**, **els pares**, *le père, les pères* (ou *les parents*) ; **l'avi**, **els avis**, *le grand-père, les grands-parents*.
Notons quelques exceptions.

Certains mots subissent des modifications orthographiques : les mots terminés par un -a atone au singulier prennent un -e devant le -s au pluriel : **la cosina**, **les cosines**, *la cousine, les cousines*.

33

Les mots terminés en **-a** précédés de **ca**, **ga**, **ça**, **ja**, **qua** ou **gua** changent d'orthographe au pluriel. Pour le moment, retenons que les mots finissant par **-ga** font leur pluriel en **-gues** : **antiga**, **antigues**, *ancienne, anciennes*.

Les mots terminés par une voyelle accentuée forment, sauf exception, leur pluriel en ajoutant **-ns** : **germà**, **germans**, *frère, frères*.

▲ CONJUGAISON
LE VERBE *SER* (PLURIEL)

Vous connaissez déjà le verbe **ser**, *être*, au singulier. Voici les 3 formes du pluriel :

Ser, *être*
nosaltres som, *nous sommes*
vosaltres sou, *vous êtes*
ells/elles són, *ils/elles sont*

LES VERBES IRRÉGULIERS

Voici deux verbes irréguliers usuels :

Dir-se, *s'appeler*
jo em dic, *je m'appelle*
tu et dius, *tu t'appelles*
ell/ella es diu, *il/elle s'appelle*

Vous remarquerez les pronoms personnels compléments des verbes réfléchis : **em**, *m'*, *me* et **es**, *s'*, *se*.

Tenir, *avoir*
jo tinc, *j'ai*
tu tens, *tu as*
ell/ella té, *il/elle a*

VOCABULAIRE

antic, **antiga**, *ancien/ne*
aquest/a/s/es, *ce/cette/ces*
avi/àvia, *grand-père, grand-mère*
cosí/cosina/cosins/cosines, *cousin/e/s*
dir-se, *s'appeller*
encantat, *enchanté*
família, *famille*
foto, *photo*
germà/germans *frère/s*
germana/germanes, *sœur/s*
gran, *grand*
maco/a, *joli/e*
mare, *mère*
meu/meva/meus/meves, *mon/ma/mes*
nen/a, *enfant, garçon/fille*
noi/s, *jeune/s homme/s*
noia/noies, *jeune/s fille/s*
oncle (l')/oncles (els), *oncle/s*
pares (els), *parents, pères*
petit/a, *petit/e*

EXERCICES

1. TRADUISEZ CES PHRASES.
a. Com et dius? Jo soc l'Albert. ....
b. Aquest nen és el teu fill? ....
c. El meu germà es diu Joan. ....
d. Aquests dos homes són el meu oncle i el seu fill. ....
e. Tens un cosí i una cosina. ....

2. METTEZ CES PHRASES AU PLURIEL.
a. Ella és la meva àvia. ....
b. Aquest home és el nostre germà. ....
c. Qui és aquest home? ....
d. Aquesta foto és molt maca. ....
e. Aquesta noia és la meva cosina. ....

3. CONJUGUEZ AU PRÉSENT DE L'INDICATIF LE VERBE ENTRE PARENTHÈSES.
a. La dona .... (dir-se) Marta. .... (ser) la meva cosina.

b. L'Ignasi .... (tenir) un germà i una germana. Ell .... (dir-se) Marc i ella .... (ser) la Clara.

c. Com (dir-se/tu) .... ? Jo (dir-se/jo) .... Clara.

d. La Maria i la Marta (ser) .... catalanes.

4. VRAI OU FAUX ? ÉCOUTEZ LE DIALOGUE ET COCHEZ LA BONNE RÉPONSE.
a. El Joan i la Laia són germans.　　☐ VRAI　　☐ FAUX
b. El Joan té un cosí, es diu Gerard.　　☐ VRAI　　☐ FAUX
c. El germà gran del Joan és el Jaume.　　☐ VRAI　　☐ FAUX
d. La Laia i la Maria tenen un germà.　　☐ VRAI　　☐ FAUX
e. La filla del Gerard es diu Maria.　　☐ VRAI　　☐ FAUX

3.
ANNIVERSAIRE
ANIVERSARI

OBJECTIFS

- FÉLICITER QUELQU'UN
- QUESTIONNER LA NOTION D'ÂGE
- DÉCRIRE QUELQU'UN PHYSIQUEMENT
- COMPTER

NOTIONS

- LES ADJECTIFS INTERROGATIFS
- LES PRÉPOSITIONS
- LES VERBES *TENIR, FER, VIURE*
- LES PRONOMS PERSONNELS COMPLÉMENTS

FÊTER SON ANNIVERSAIRE

Albert : Elena, aujourd'hui c'est ton anniversaire ?

Elena : Oui, j'ai trente-trois ans.

Albert : Joyeux anniversaire !

Elena : Merci ! Quel âge as-tu ?

Albert : J'ai trente-six ans.

Elena : Le temps passe vite !

Albert : Organises-tu *(Fais-tu)* une fête pour célébrer ton *(l')*anniversaire ?

Elena : Oui, demain, avec mon copain et quelques amis.

Albert : Ton copain ? Qui est-ce ?

Elena : Il s'appelle Marc, il a mon âge.

Albert : Vous habitez ensemble ?

Elena : Pas encore. Mais nous habitons très près.

Albert : Et que fait-il dans la vie ? *(à quoi se consacre t-il ?)*

Elena : Il travaille à la mairie, comme nous, au *(dans le)* service *(de)* comptabilité.

Albert : Ah ! Je ne vois *(sais)* pas qui il est !

Elena : C'est un garçon grand et mince. Il est châtain et il a les yeux verts. Il est très beau.

Albert : Il a les cheveux bouclés, n'est-ce pas ? Je sais qui c'est *(Déjà sais qui est)* !

Elena : Eh bien, je pars, il est un peu tard.

Albert : Au revoir ! Passe le bonjour à Marc.

05 — CELEBRAR L'ANIVERSARI

Albert: Elena, avui és el teu aniversari?

Elena: Sí, faig trenta-tres anys.

Albert: Per molts anys!

Elena: Gràcies! Tu quants anys tens?

Albert: Tinc trenta-sis anys.

Elena: El temps passa de pressa!

Albert: Fas una festa per celebrar l'aniversari?

Elena: Sí, demà, amb la meva parella i uns amics.

Albert: La teva parella? Qui és?

Elena: Es diu Marc, té la meva edat.

Albert: Viviu junts?

Elena: Encara no. Però vivim molt a prop.

Albert: I a què es dedica?

Elena: Treballa a l'ajuntament, com nosaltres, al servei de comptabilitat.

Albert: Ah! No sé qui és!

Elena: És un noi alt i prim. És castany i té els ulls verds. És molt guapo.

Albert: Té els cabells arrissats, oi? Ja sé qui és!

Elena: Bé, marxo, que és una mica tard.

Albert: Adeu! Records al Marc.

COMPRENDRE LE DIALOGUE
FORMULES ET EXPRESSIONS

→ Pour féliciter quelqu'un le jour de son anniversaire, on lui souhaitera **Per molts anys**, littéralement « Pour beaucoup d'années », *Félicitations*. La formule **Felicitats**, *Félicitations* même si elle est de plus en plus répandue est moins recommandée.
→ **La meva parella**, *mon/ma copain/copine, mon/ma partenaire* ou *mon/ma conjoint/e*, devient aujourd'hui l'une des formules les plus utilisées et désigne indifféremment un homme ou une femme. Nous trouverons également **el meu company / la meva companya**, *mon compagnon / ma compagne*. **La parella** est également *le couple* : **L'Alba i en Marc fan molt bona parella**, *Alba et Marc forment un beau couple*.
→ L'expression **(donar) records a algú** signifie *passer le bonjour à quelqu'un*.

L'ÂGE

Quants anys tens?, littéralement « combien années as-tu ? » est la formulation habituelle pour demander l'âge de quelqu'un.   Nous trouverons aussi : **Quina edat tens?**, *Quel âge as-tu ?*

Vous répondrez **Tinc…**, *J'ai…*, en précisant **Faig…**, *Je fais…* Le jour de votre anniversaire, vous direz : **Avui tinc dinou anys. Demà faig vint anys**, *Aujourd'hui, j'ai dix-neuf ans. Demain, je fais vingt ans.*

DÉCRIRE QUELQU'UN PHYSIQUEMENT

Dans le dialogue vous avez vu **alt**, *grand* et **prim**, *mince*. On peut aussi être **baix**, *petit* ou **gros**, *gros*, même si on privilégiera le terme **fort**, *fort* pour évoquer le surpoids. Pour *les cheveux*, en catalan on dira **el cabell** ou **els cabells**, qui pourront être **castany**, *châtains* ; **ros**, *blonds* ; **pèl-roig**, *roux*. Pour les cheveux noirs, on précisera **tenir el cabell negre**, *avoir les cheveux noirs*. Retenez également : **arrissat**, *bouclé* ; **ondulat**, *ondulé* ; **llis**, *lisse* ; **tenyit**, *teint*. **Els ulls**, *les yeux* seront **verds**, *verts* ; **blaus**, *bleus* ; **negres**, *noirs* ; **marrons**, *marron*. Très subjectif, quelqu'un peut être **guapo**, *beau* ou **lleig**, *laid*.

COMPTER

En catalan, on place un trait d'union entre les dizaines et les unités et entre les unités et les centaines : **trenta-sis**, *trente-six* ; **quaranta-un**, *quarante et un* ; **dos-cents**, *deux-cents*. Une exception : de 21 à 29, les nombres s'écrivent avec deux traits d'union : **vint-i-un**, *vingt et un* ; **vint-i-dos**, *vingt-deux*.

1 un	2 dos	3 tres	4 quatre	5 cinc
6 sis	7 set	8 vuit	9 nou	10 deu
11 onze	12 dotze	13 tretze	14 catorze	15 quinze
16 setze	17 disset	18 divuit	19 dinou	20 vint
21 vint-i-un	21 vint-i-dos …	30 trenta	31 trenta-un …	32 trenta-dos …

◆ GRAMMAIRE
LES ADJECTIFS INTERROGATIFS

Pour demander l'âge, le catalan utilise deux formules : **Quants anys tens?** et **Quina edat tens?** *Quel âge as-tu ?*

Quant/Quanta/Quants/Quantes est un adjectif traduisant le français *Combien ?*

Quin/Quina/Quins/Quines se traduit par *Quel/le/s ?*

LES PRÉPOSITIONS

Vous avez rencontré trois prépositions : **amb**, **per** et **a**.

Amb correspond à *avec* : **Faig una festa amb la meva parella**, *Je fais une fête avec mon/ma conjoint/e.*

La préposition **per** (ou **per a**) + infinitif, traduit le français *pour* + infinitif ou *à* + infinitif : **per celebrar l'aniversari**, *pour célébrer l'anniversaire* ; **una ciutat per visitar**, *une ville à visiter.*

La préposition **a** traduit principalement (mais pas toujours) le français *à* et *en* : **Visc a Girona**, *J'habite à Gérone* ; **Vius a Catalunya**, *Tu habites en Catalogne.*

Remarque : **al**, *au* est la contraction de **a** + **el** : **Treballa al servei de comptabilitat**, *Il travaille au service comptabilité.* Notez toutefois que la contraction n'existe pas lorsque le mot qui suit l'article commence par une voyelle : **Treballa a l'Ajuntament**, *Il travaille à la mairie.*

Vous aurez, pour le masculin : **a** + **el** → **al**, *au* ; **a** + **els** → **als**, *aux* ; en revanche, pour le féminin : **a** + **la** → **a la**, *à la* ; **a** + **les** → **a les**, *aux.*

▲ CONJUGAISON
LE VERBE *TENIR* AU PLURIEL

Vous connaissez déjà le verbe **tenir**, *avoir*, au singulier. Voici les 3 formes du pluriel.

Tenir, *avoir*
nosaltres tenim, *nous avons*
vosaltres teniu, *vous avez*
ells/elles tenen, *ils/elles ont*

LES VERBES *FER* ET *VIURE*

Découvrons encore deux verbes irréguliers, **fer**, *faire* et **viure**, *vivre*.

Fer, *faire*	**Viure**, *vivre*
jo faig, *je fais*	**jo visc**, *je vis*
tu fas, *tu fais*	**tu vius**, *tu vis*
ell/ella fa, *il/elle fait*	**ell/ella viu**, *il/elle vit*
nosaltres fem, *nous faisons*	**nosaltres vivim**, *nous vivons*
vosaltres feu, *vous faites*	**vosaltres viviu**, *vous vivez*
ells/elles fan, *ils/elles font*	**ells/elles viuen**, *ils/elles vivent*

LES PRONOMS PERSONNELS COMPLÉMENTS

Dedicar-se, *se consacrer* est un verbe régulier réfléchi, notez les pronoms personnels compléments : **em**, **et**, **es**, **ens**, **us**, **es**.

Dedicar-se, *se consacrer*
jo em dedico, *je me consacre*
tu et dediques, *tu te consacres**
ell/ella es dedica, *il/elle se consacre*
nosaltres ens dediquem, *nous nous consacrons**
vosaltres us dediqueu, *vous vous consacrez**
ells/elles es dediquen, *ils/elles se consacrent**

* Attention : pour maintenir le même son, notez le changement d'orthographe **c** → **qu** selon la voyelle qui suit : **ca**, **co**, **cu** mais **que**, **qui**.

VOCABULAIRE

ajuntament, *mairie*
alt, *grand*
aniversari, *anniversaire*
any/s, *année/s*
arrissat/s, *bouclé/s*
avui, *aujourd'hui*
baix, *petit*
blau/s, *bleu/s*
cabell/s, *cheveux*
castany, *châtain, marron*
celebrar, *célébrer*
comptabilitat, *comptabilité*
dedicar-se, *se consacrer*
demà, *demain*
edat, *âge*
encara, *encore*
fer, *faire*
festa, *fête*
fort, *fort*
gros, *gros*
guapo/a, *beau/belle*
junts, *ensemble*
llis, *lisse*
marró/marrons, *marron*
marxar, *partir*
negre/s, *noir/s*
ondulat, *ondulé*
parella, *partenaire, conjoint, paire*
passar, *passer*
pèl-roig, *roux*
pressa, *vite*
prim, *mince*
prop (a prop), *près, proche*
quant, *combien*
qui, *qui*
ros/rossa, *blond/e*
saber, *savoir*
servei, *service*
tard, *tard*
temps, *temps*
tenir, *avoir*
tenyit/s, *teint/s*
ull/s, *œil/yeux*
verd/s, *vert/s*
viure, *vivre*
Per molts anys!, *Joyeux anniversaire !*
Dona-li records, *Passe-lui le bonjour*

NOTE CULTURELLE

Savez-vous qui fêtait son anniversaire le 10 octobre ? Mercè Rodoreda, l'une des principales écrivaines catalanes du XXe siècle. Née en 1908 et décédée en 1983, elle est l'auteure de nombreux ouvrages, parmi lesquels La plaça del diamant (La place du Diamant), écrit en 1962 et considéré le roman catalan le plus important de l'après-guerre. Rodoreda l'a écrit depuis Genève, où elle vivait en exil. En 1939, comme de milliers de Catalans, elle a traversé la frontière française pour fuir la répression franquiste. Elle s'est ensuite installée en Suisse, jusqu'à son retour en Catalogne en 1972. Son dernier roman fut Quanta, quanta guerra (Tant et tant de guerre), publié en 1980. Cette même année, elle reçut le Prix d'honneur des lettres catalanes.

● EXERCICES

1. ÉCOUTEZ L'ENREGISTREMENT ET RÉPONDEZ AUX QUESTIONS.

a. De quin color té el cabell la Laia? ....

b. La Laia té els ulls blaus? ....

c. Quants anys fa demà? ....

2. COCHEZ LE CHIFFRE QUE VOUS ENTENDEZ.

a. ☐ 6   ☐ 7

b. ☐ 11   ☐ 12

c. ☐ 7   ☐ 17

d. ☐ 21   ☐ 31

e. ☐ 8   ☐ 18

3. TRADUISEZ CES PHRASES.

a. Demain c'est mon anniversaire. ....

b. Quel âge a-t-il ? ....

c. Je fais une fête pour le célébrer. ....

d. Nous vivons ensemble. ....

4. COMPLÉTEZ AVEC LE VERBE INDIQUÉ ENTRE PARENTHÈSES.

a. A què us (dedicar-se) .... ?

b. L'Albert (fer) .... vint-i-cinc anys.

c. Jo (visc) .... a Sabadell.

d. El Josep (tenir) .... quaranta anys.

4.
VISITER LA VILLE
VISITAR LA CIUTAT

OBJECTIFS

- LE VOUVOIEMENT
- LES FORMULES DE POLITESSE

NOTIONS

- LES DÉTERMINANTS INDÉFINIS
- LES VERBES DE LA SECONDE CONJUGAISON : *PERDRE, CONÈIXER, VOLER, PODER*
- LE VERBE *ESTAR-SE*

À L'OFFICE DE TOURISME

Alex : Bonjour, excusez-moi. Avez-vous un *(quelque)* plan de la ville ?

Laura : Bien sûr ! Le voici. Il y a d'indiqué tous les monuments et des *(quelques)* itinéraires touristiques.

Alex : Il est très complet. Merci !

Laura : De rien.

Alex : Je veux me perdre dans la cité médiévale, me promener dans les rues de la vieille ville. Je veux aussi visiter la cathédrale.

Laura : Vous pouvez aller dans le quartier juif, aux bains arabes et à la muraille médiévale. Il y a aussi le fleuve et les ponts. Combien de temps restez-vous à Gérone ?

Alex : Une semaine, peut-être plus.

Laura : Vous avez le temps de visiter beaucoup de choses. Ici, nous avons également des informations sur l'hébergement, le transport et la gastronomie.

Alex : Je veux connaître le patrimoine de la région, mais je n'ai pas de voiture.

Laura : D'ici, nous organisons des *(quelques)* sorties. Je vous donne une brochure avec les visites culturelles que nous proposons. Vous pouvez aussi louer une voiture.

Alex : Bonne idée !

Laura : Puis-je vous demander d'où vous venez ?

Alex : Je suis écossais, mais ma mère est catalane. C'est pourquoi je parle catalan.

Laura : Intéressant ! *(Et maintenant,)* Vous êtes ici en vacances ?

Alex : Non, pas du tout ! Je suis ici pour le travail. Je suis guide et j'organise des itinéraires touristiques en Catalogne.

06 A L'OFICINA DE TURISME

Àlex: Bon dia, disculpi. Té algun plànol de la ciutat?

Laura: I tant! Aquí el té. Hi ha indicats tots els monuments i algunes rutes turístiques.

Àlex: És molt complet. Gràcies!

Laura: De res.

Àlex: Em vull perdre per la ciutat medieval, passejar pels carrers de la ciutat vella. També vull visitar la Catedral.

Laura: Pot anar al barri jueu, als banys àrabs i a la muralla medieval. També hi ha el riu i els ponts. Quant de temps s'està a Girona?

Àlex: Una setmana, potser més.

Laura: Té temps de visitar moltes coses. Aquí també tenim informació d'allotjament, transport i gastronomia.

Àlex: Vull conèixer el patrimoni de la comarca, però no tinc cotxe.

Laura: Des d'aquí organitzem alguna sortida. Li dono un fulletó amb les visites culturals que proposem. També pot llogar un cotxe.

Àlex: Bona idea!

Laura: Li puc preguntar d'on ve, vostè?

Àlex: Soc escocès, però la meva mare és catalana. Per això parlo català.

Laura: Què interessant! I ara és aquí de vacances?

Àlex: No, i ara! Soc aquí per feina. Soc guia i organitzo rutes turístiques per Catalunya.

■ COMPRENDRE LE DIALOGUE
FORMULES ET EXPRESSIONS

→ Notons la présence dans le dialogue de deux pronoms : **el**, *le* ; **Aquí el té**, *le voici*, COD à la 3e personne pour le masculin ; **li**, *lui*, COI à la 3e personne pour le masculin et le féminin singuliers.
→ **Hi ha**, *il y a* : avec un complément de lieu, le catalan emploie **haver-hi**, *y avoir*. **Hi**, *y*, est un pronom adverbial de lieu, comme en français.
→ **I ara!**, *Pas du tout !* Expression qui marque l'étonnement.

LE VOUVOIEMENT

Pour vouvoyer une personne (forme de politesse), on utilise le pronom **vostè** suivi de la 3e personne du singulier : **Vostè d'on ve?** *D'où venez-vous ?* Au pluriel, il en sera de même avec **vostès** suivi de la 3e personne du pluriel. Le pronom n'est pas obligatoire, nous trouvons donc : **pot anar**, *vous pouvez aller* ; **té temps de…**, *vous avez le temps de…*

LES FORMULES DE POLITESSE

Pour remercier nous connaissons : **gràcies**, *merci* et même **moltes gràcies**, *merci beaucoup*. La personne remerciée répondra : **de res**, *de rien, je vous en prie* ; **no es mereixen**, *il n'y a pas de quoi*.

Pour vous excuser, utilisez **disculpar**, *excuser* ou **perdonar**, *pardonner*. Il faut préciser le tutoiement ou le vouvoiement. **Disculpi**, *excusez-moi* / **disculpa**, *excuse-moi* ; **perdoni**, *pardonnez-moi* / **perdona**, *pardonne-moi*.

NOTE CULTURELLE

Les Catalans tutoient facilement. On vouvoie les personnes âgées et parfois lorsqu'on s'adresse à des inconnus, notamment pour les démarches administratives. Dans le doute, commencez par vouvoyer.

La **comarca**, *région*, désigne une division territoriale traditionnelle catalane, chacune d'entre elles regroupant plusieurs municipalités. **Girona** appartient à la **comarca** du **Gironès**. Le mot **regió**, *région* existe également.

◆ GRAMMAIRE
LES DÉTERMINANTS INDÉFINIS

Notez l'existence du déterminant indéfini **algun**, **alguna**, **alguns**, **algunes**, qui se traduit par *un/e, quelque/s, quelques-un/e/s* : **Tenen algun plànol?** *Avez-vous un (quelque) plan de la ville ?* ; **Organitzem alguna sortida**, *Nous organisons des (quelques) sorties* ; **Tenim alguns fulletons**, *Nous avons des (quelques) dépliants* ; **Hi ha algunes rutes**, *Il y a des (quelques) routes.*

▲ CONJUGAISON
LES VERBES DE LA SECONDE CONJUGAISON

Perdre, *perdre*, ou **perdre's**, *se perdre* est un verbe de la 2ᵉ conjugaison (terminaison en **-re** ou **-er**).

Perdre, *perdre*
jo (em) perdo, *je (me) perds*
tu (et) perds, *tu (te) perds*
ell/ella/vostè (es) perd, *il/elle (se) perd*
nosaltres (ens) perdem, *nous (nous) perdons*
vosaltres (us) perdeu, *vous (vous) perdez*
elles/elle/vostès (es) perden, *ils/elles (se) perdent*

Cependant, de nombreux verbes ne sont pas réguliers ; nous vous les signalerons au fur et à mesure qu'ils apparaîtront. Dans cette leçon, nous rencontrons : **conèixer**, *connaitre*, qui change à la 1ʳᵉ et la 2ᵉ personnes du singulier.

Conèixer, *connaître*
jo conec, *je connais*
tu coneixes, *tu connais*
ell/ella/vostè coneix, *il/elle connait*
nosaltres coneixem, *nous connaissons*
vosaltres coneixeu, *vous connaissez*
elles/elle/vostès coneixen, *ils/elles connaissent*

Voler, *vouloir*, *souhaiter* n'est irrégulier qu'à la 1ʳᵉ personne du singulier.

Voler, *vouloir*
jo vull, *je veux*
tu vols, *tu veux*
ell/ella/vostè vol, *il/elle veut*
nosaltres volem, *nous voulons*
vosaltres voleu, *vous voulez*
elles/elle/vostès volen, *ils/elles veulent*

Poder, *pouvoir* change pour les trois personnes du singulier.

Poder, *vouloir*
jo puc, *je peux*
tu pots, *tu peux*
ell/ella/vostè pot, *il/elle peut*
nosaltres podem, *nous pouvons*
vosaltres podeu, *vous pouvez*
elles/elle/vostès poden, *ils/elles peuvent*

* Petit rappel : le **o** se prononce **[ou]** lorsqu'il est atone.

LE VERBE *ESTAR-SE*

Nous connaissons **estar**, *être*. Pour traduire le français *rester* ou *habiter*, nous avons **estar-se** verbe régulier réfléchi : **jo m'estic, tu t'estàs, ell/ella/vostè s'està, nosaltres ens estem, vosaltres us esteu, ells/elles/vostès s'estan**.
M'estic a Girona una setmana, *Je reste à Gérone une semaine* ; **Soc de Solsona, però m'estic a Blanes**, *Je suis de Solsona, mais j'habite à Blanes*.

VOCABULAIRE

algun/a, *quelque, un/e*
alguns, algunes, *quelques-un/e/s*
allotjament, *hébergement*
anar, *aller*
aquí, *ici*
ara, *maintenant*
banys àrabs, *bains arabes*
barri, *quartier*
carrer/s, *rue/s*
catedral, *cathédrale*
comarca, *région*
complet, *complet*
conèixer, *connaître*
cosa, coses, *chose/s*
cotxe, *voiture*
cultural, *culturel*
disculpar, *excuser*
donar, *donner*
escocès, *écossais*
estar-se, *rester, habiter*
fulletó, fulletons *dépliant/s*
gastronomia, *gastronomie*
hi ha, *il y a*
indicar, *indiquer*
informació, *information*
interessant, *intéressant*
jueu, *juif*
llogar, *louer*
medieval, *médiévale*
monument/s, *monument/s*
muralla, *muraille*
organitzar, *organiser*
passejar, *se promener*
patrimoni, *patrimoine*
perdre, *perdre*
perdre's, *se perdre*
plànol, *carte, plan de ville.*
ponts, *ponts*
poder, *pouvoir*
potser, *peut-être*
preguntar, *poser une question*
proposar, *proposer*
regió, *région*
riu, *fleuve*
ruta, *route*
setmana, *semaine*
sortida, *sortie*
transport, *transport*
turístic, *touristique*
vacances, *vacances*
vell/a, *vieux/vieille*
venir, *venir*
visita, *visite*
visitar, *visiter*
vostè, vostès, *vous*
voler, *vouloir*
De res, *de rien, je vous en prie*
I ara!, *Pas du tout !*
I tant!, *Bien sûr !*

● EXERCICES

1. ÉCOUTEZ L'ENREGISTREMENT ET RÉPONDEZ PAR VRAI OU FAUX.

a. La dona vol passejar per la ciutat. ☐ VRAI ☐ FAUX

b. L'home no té informació de rutes turístiques. ☐ VRAI ☐ FAUX

c. La dona s'està à Girona tres dies. ☐ VRAI ☐ FAUX

d. L'homme vol anar als banys àrabs. ☐ VRAI ☐ FAUX

2. ÉCOUTEZ ET COMPLÉTEZ CES PHRASES.

a. Nosaltres som aquí per ....

b. Vostès d'on .... ?

c. Aquí .... un plànol de la ciutat.

d. No tinc .... d'anar als banys àrabs.

e. .... aquí .... dies.

3. TRADUISEZ CES PHRASES.

a. Je veux visiter la région. ....

b. Nous voulons connaître la ville. ....

c. Vous pouvez louer une voiture. ....

d. Organisez-vous des sorties ? ....

4. COMPLÉTEZ AVEC LE VERBE INDIQUÉ ENTRE PARENTHÈSES.

a. Jo no (conèixer) .... aquesta comarca.

b. Tu (estar-se) .... a la ciutat tres dies.

c. Nosaltres (organitzar) .... visites turístiques.

d. L'Elena i el Miquel (voler) .... visitar el barri.

5.
QUE FAIT-ON ?
QUÈ FEM?

OBJECTIFS

- LES JOURS DE LA SEMAINE
- LES REPÈRES TEMPORELS

NOTIONS

- LES PRONOMS ET LES ADJECTIFS INTERROGATIFS
- LE PRONOM NEUTRE *HO*
- LE *L* GÉMINÉ
- LES VERBES DE LA TROISIÈME CONJUGAISON *(-IR)*
- LES VERBES IRRÉGULIERS (*SABER, ANAR*)

ORGANISER LE WEEK-END

Enric : Mercè, aujourd'hui c'est samedi. Que fait-on *(faisons-nous)* ?

Mercè : Je ne sais pas. On reste *(Nous restons)* à la maison ?

Enric : Je préfère sortir un peu. On va *(Nous allons)* au cinéma ?

Mercè : D'accord, mais on rentre *(nous rentrons)* tôt. J'ai besoin de dormir.

Enric : Quel film veux-tu voir ? Il y a *(Ils font)* un cycle de cinéma catalan.

Enric : Quand ? Ce week-end ?

Mercè : Je crois que oui.

Enric : Où ? Dans le quartier ? Je ne crois pas.

Mercè : Ah, non ! Tu as raison, ça commence jeudi prochain *(qui vient)* : jeudi, vendredi et samedi.

Enric : Alors qu'est-ce qu'on fait ?

Mercè : Que dirais-tu d'aller au théâtre ce soir ?

Enric : Je pense que c'est une idée splendide.

Mercè : Et pour demain dimanche, je propose que nous restions à la maison. Qu'en penses-tu ?

Enric : Bonne idée !

07 ORGANITZAR EL CAP DE SETMANA

Enric: Mercè, avui és dissabte. Què fem?

Mercè: No ho sé. Ens quedem a casa?

Enric: Prefereixo sortir una mica. Anem al cinema?

Mercè: D'acord, però tornem d'hora. Necessito dormir.

Enric: Quina pel·lícula vols veure? Fan un cicle de cinema català.

Enric: Quan? Aquest cap de setmana?

Mercè: Crec que sí.

Enric: On? Al barri? No ho crec.

Mercè: Ah, no! Tens raó, comença dijous que ve: dijous, divendres i dissabte.

Enric: Aleshores què fem?

Mercè: Què et sembla si aquest vespre anem al teatre?

Enric: Em sembla una idea esplèndida.

Mercè: I demà diumenge, proposo que ens quedem a casa. Com ho veus?

Enric: Bona idea!

■ COMPRENDRE LE DIALOGUE
LES JOURS DE LA SEMAINE

→ **Proposo que ens quedem**, *Je propose que nous restions*. Notons l'utilisation du subjonctif, que nous aurons l'occasion d'étudier ultérieurement.
→ Voici les jours de la semaine :

dilluns	*lundi*	divendres	*vendredi*
dimarts	*mardi*	dissabte	*samedi*
dimecres	*mercredi*	diumenge	*dimanche*
dijous	*jeudi*		

→ Pour dire le jour, le catalan utilise le verbe **ésser** : **Avui és divendres**, *Aujourd'hui c'est vendredi*.

LES REPÈRES TEMPORELS

Vous rencontrez quelques indicateurs de temps : **avui**, *aujourd'hui* ; **demà**, *demain* ; **aviat**, *tôt, bientôt* ; **d'hora**, *tôt, de bonne heure* ; **aleshores**, *alors* ; **després**, *après* ; **aquest vespre**, *ce soir*. Voici d'autres marqueurs qui vous seront utiles : **demà passat**, *après-demain* ; **ahir**, *hier* ; **abans**, *avant* ; **abans-d'ahir**, *avant-hier* ; **aquesta nit**, *ce soir* ; **tard**, *tard*.

Notez la présence de **vespre**, *soir* et **nit**, *nuit*, souvent utilisés comme des synonymes. Le **vespre** va du coucher du soleil à l'heure du coucher. La **nit** est l'intervalle de temps où il n'y a pas de soleil.

NOTE CULTURELLE

Mercè est un autre prénom féminin traditionnel catalan. **Mercè**, *Notre-Dame de la Merci*, est la patronne de Barcelone, célébrée avec joie le 24 septembre. La musique, la danse, les défilés de géants et les feux d'artifice marquent les festivités.

◆ GRAMMAIRE
LES PRONOMS ET LES ADJECTIFS INTERROGATIFS

Nous avons déjà rencontré quelques pronoms et adjectifs interrogatifs. En voici d'autres : **Què?**, *Que/Quoi ?* ; **Què fem?**, *Que faisons-nous ?* ; **Què et sembla?**, *Qu'est-ce* *que tu en penses ?* ; **Quan?**, *Quand ?* **Quan** peut être suivi d'un verbe à l'indicatif pour évoquer le présent : **Quan treballes?**, *Quand travailles-tu ?* Il peut également être suivi d'un verbe au subjonctif, nous aurons l'occasion de le rencontrer plus tard ; **On?**, *Où ?* ; **On vas?**, *Où vas-tu ?* ; **Com?**, *Comment ?* ; **Com ho veus?**, *Comment tu le vois ?*

LE PRONOM NEUTRE *HO*

En catalan, il existe des pronoms atones ou neutres. Notons ici **ho**, *le*. **No ho crec**, *Je ne le pense pas* ; **No ho sé**, *Je ne le sais pas* ; **Ho dubto**, *J'en doute* ; **Com ho fas?**, *Comment tu le fais ?*

LE *L* GÉMINÉ

Vous avez remarqué le mot **pel·lícula**, *film*. Le **l géminé** (**l·l**) se prononce comme un double **l** et est une particularité du catalan.

▲ CONJUGAISON
LES VERBES DE LA TROISIÈME CONJUGAISON *(-IR)*

Vous connaissez déjà les verbes de la première conjugaison (infinitif en **-ar**). Dans le dialogue, vous avez rencontré deux verbes de la troisième conjugaison (infinitif en **-ir**) : **dormir**, *dormir* ; **preferir**, *préférer*. Ils se conjuguent suivant deux modèles.

Dormir, *dormir*	**Preferir**, *preferer*
jo dormo, *je dors*	**jo prefereixo**, *je préfère*
tu dorms, *tu dors*	**tu prefereixes**, *tu préfères*
ell/ella/vostè dorm, *il/elle dort*	**ell/ella/vostè prefereix**, *il/elle préfère*
nosaltres dormim, *nous dormons*	**nosaltres preferim**, *nous préférons*
vosaltres dormiu, *vous dormez*	**vosaltres preferiu**, *vous préférez*
ells/elles/vostès dormen, *ils/elles dorment*	**ells/elles/vostès prefereixen**, *ils/elles préfèrent*

Preferir, *préférer* est un verbe inchoatif. On appelle inchoatifs les verbes en **-ir** qui ajoutent **-eix-** entre le radical et la terminaison aux trois personnes du singulier et à la troisième personne du pluriel au présent, à l'indicatif, à l'impératif et au subjonctif. La plupart des verbes en **-ir** se conjuguent sur ce modèle.

LES VERBES IRRÉGULIERS

Voici encore deux verbes irréguliers usuels, nous aurons l'occasion de les rappeler ultérieurement.

Saber, *savoir*	**Anar**, *aller*
jo sé, *je sais*	**jo vaig**, *je vais*
tu saps, *tu sais*	**tu vas**, *tu vas*
ell/ella/vostè sap, *il/elle sait*	**ell/ella/vostè va**, *il/elle va*
nosaltres sabem, *nous savons*	**nosaltres anem**, *nous allons*
vosaltres sabeu, *vous savez*	**vosaltres aneu**, *vous allez*
ells/elles/vostès saben, *ils/elles savent*	**ells/elles/vostès van**, *ils/elles vont*

VOCABULAIRE

abans, *avant*
abans-d'ahir, *avant-hier*
ahir, *hier*
aleshores, *alors*
aquest vespre, *ce soir*
aquesta nit, *ce soir*
aviat, *tôt, bientôt*
barri, *quartier*
cap de setmana, *week-end*
casa, *maison*
cicle, *cycle*
cinema, *cinéma*
començar, *commencer*
creure, *croire*
d'acord, *d'accord*
d'hora, *de bonne heure*
demà passat, *après-demain*
després, *après*
dijous, *jeudi*
dilluns, *lundi*
dimarts, *mardi*
dimecres, *mercredi*
dissabte, *samedi*
diumenge, *dimanche*
divendres, *vendredi*
dormir, *dormir*
esplendid/esplèndida, *splendide*
idea, *idée*
mica, *gens, un peu*
necessitar, *avoir besoin de*
pel·lícula (f.), *film*
preferir, *préférer*
proposar, *proposer*
quan, *quand*
què, *quoi*
quedar-se, *rester*
raó, *raison*
tard, *tard*
teatre, *théâtre*
tornar, *rentrer, rendre*
veure, *voir*
voler, *vouloir*
Bona idea!, *Bonne idée !*
Què et sembla?, *Qu'est-ce que tu en penses ?*
Com ho veus?, *Qu'est-ce que tu en penses ? ; Comment tu le vois ?*

● EXERCICES

1. TRADUISEZ CES PHRASES.
a. Què fas demà? Avui i demà jo em quedo a casa. ....

b. Aquesta setmana anem al teatre. ....

c. Aquest vespre, la Mercè necessita tornar d'hora. ....

d. No ho sé, ho dubto. ....

e. Teniu raó, la pel·lícula és aquesta tarda. ....

2. COMPLÉTEZ AVEC UN MOT INTERROGATIF.
a. .... vol sortir demà?

b. .... feu avui?

c. .... voleu anar al cinema?

d. .... treballes ara?

3. CONJUGUEZ AU PRÉSENT DE L'INDICATIF LE VERBE ENTRE PARENTHÈSES.
a. Què .... (semblar, a vosaltres) si .... (anar, nosaltres) al cine?

b. Vosaltres què .... (preferir)? Anar al cinema o al teatre?

c. Demà jo .... (quedar-se) a casa.

d. El cicle de teatre .... (començar) aquest cap de setmana.

4. VRAI OU FAUX ? ÉCOUTEZ L'ENREGISTREMENT ET COCHEZ LA BONNE RÉPONSE.

a. Avui la Sara vol sortir a passejar.	☐ VRAI	☐ FAUX
b. El Joan vol anar al teatre.	☐ VRAI	☐ FAUX
c. El Joan proposa veure una pel·lícula.	☐ VRAI	☐ FAUX
d. Avui, la Sara i el Joan es queden a casa.	☐ VRAI	☐ FAUX

6.
FAIRE DES CHOIX
ESCOLLIR

OBJECTIFS	NOTIONS
• FAIRE DES CHOIX	• LES ADVERBES
• LES FORMULES DE POLITESSE	• LE PRONOM *RES*
• PROPOSER QUELQUE CHOSE	• LES PRONOMS DE COMPLÉMENT DIRECT
• ACCEPTER / REFUSER	• LE VERBE *AGRADAR*

PRENDRE UN CAFÉ

<u>Oriol</u> : As-tu envie de prendre un café ?

<u>Núria</u> : Oui, merci. Comme ça, je me réveille. Tu le fais ?

<u>Oriol</u> : Oui, bien sûr. Comment le veux-tu ? Espresso ou allongé ?

<u>Núria</u> : Je préfère un café au lait. Avec du sucre, s'il te plaît.

<u>Oriol</u> : Comment veux-tu le lait ? Froid ou chaud ?

<u>Núria</u> : Je l'aime tiède, si possible. Et toi, tu ne prends rien ?

<u>Oriol</u> : Si, je vais prendre un café noisette. Tu veux un peu de chocolat ?

<u>Núria</u> : Non, merci, je n'en veux pas. Je n'ai pas envie de manger quoi que ce soit maintenant.

<u>Oriol</u> : Que penses-tu du café ? Tu aimes ?

<u>Núria</u> : Oui, je l'aime. Il est très bon. Tu l'achètes où ?

<u>Oriol</u> : Dans une épicerie équitable, non loin d'ici.

<u>Núria</u> : Près du parc ? Je vois l'endroit dont tu parles *(Je sais déjà où tu dis)*, ils ont aussi un très bon thé.

<u>Oriol</u> : J'y achète aussi les céréales.

<u>Núria</u> : Je vais essayer d'y aller *(Voyons si j'y vais)* un jour.

<u>Oriol</u> : Tu veux des cookies ? Je les achète aussi là-bas.

<u>Núria</u> : [C'est] mieux après le déjeuner, je n'ai pas encore faim.

<u>Oriol</u> : Je n'ai pas faim non plus, mais les cookies sont très bons.

<u>Núria</u> : C'est bon, je vais goûter *(essayer)* un cookie !

FER UN CAFÈ

Oriol: Vols fer un cafè?

Núria: Sí, gràcies. Així em desperto. El fas tu?

Oriol: Sí, és clar. Com el vols? Exprés o americà?

Núria: M'estimo més un cafè amb llet. Amb sucre, si us plau.

Oriol: Com vols la llet? Freda o calenta?

Núria: M'agrada tèbia, si pot ser. I tu, tu no prens res?

Oriol: Sí, vaig a prendre un tallat. Vols una mica de xocolata?

Núria: No, gràcies, no en vull. No em ve de gust menjar res, ara.

Oriol: Què et sembla el cafè? T'agrada?

Núria: Sí que m'agrada. És molt bo. On el compres?

Oriol: En una botiga de comerç just, no gaire lluny d'aquí.

Núria: Prop del parc? Ja sé on dius, també tenen un te molt bo.

Oriol: Els cereals també els compro allí.

Núria: A veure si hi vaig un dia.

Oriol: Vols galetes? També les compro allà.

Núria: Millor després de dinar, encara no tinc gana.

Oriol: Jo tampoc tinc gana, però les galetes son molt bones.

Núria: Està bé, tasto una galeta!

COMPRENDRE LE DIALOGUE

→ **Fer un cafè**, *prendre un café* ou *préparer un café* : **Fem un cafè? El faig jo**, *On prend un café ? Je le prépare.*
→ L'expression **venir de gust** correspond au français *dire, plaire, avoir envie* : **Em ve de gust fer un te**, *J'ai envie de prendre un thé* ; **Ve de gust sortir?**, *As-tu envie de sortir ?* ; **No ens ve de gust menjar**, *Nous n'avons pas envie de manger.*
→ **És clar**, *bien sûr, c'est clair*. L'expression équivaut à **evidentment**, *évidemment* ; **naturalment**, *naturellement* ; **i tant**, *bien sûr*.
→ Pour exprimer une préférence, nous connaissons déjà le verbe **preferir**, *préférer*. Ici, nous rencontrons **estimar-se més**, *préférer* : **Què t'estimes més? Fer un cafè o sortir?**, *Que préfères-tu ? Prendre un café ou sortir ?*
→ **A veure si** ou **vejam si** (forme archaïque) expriment la même nuance que *voyons si* en français : **A veure si t'agrada!**, *Voyons si tu aimes !*
→ Dans le mot **prendre**, il est courant que le premier **r** ne soit pas prononcé, bien que certains locuteurs choisissent de le faire.

LES FORMULES DE POLITESSE

En catalan, il y a deux façons de demander poliment quelque chose : **si us plau** et **per favor**, *s'il vous plaît.*

Si us plau : le **us** représente la deuxième personne du pluriel, le *vous* pluriel de **tu**, mais cette forme est utilisée au singulier, au pluriel, pour vouvoyer ou tutoyer : **Vols/Vol/Voleu/Volen un cafè? – Sí, si us plau**, *Veux-tu/Voulez-vous un café ? – Oui, s'il vous plaît.*

◆ GRAMMAIRE
LES ADVERBES

Dans ce module, nous rencontrons plusieurs adverbes.

Aixi, *ainsi, comme ça* : **Aixi és millor**, *Comme ça, c'est mieux.*

Prop (de), *près (de)* : **Prop de casa hi ha una botiga**, *Près de la maison, il y a un magasin.* Nous avons aussi **a prop de**, *proche de* : **Ja som a prop**, *Nous sommes proches.*

Lluny (de), *loin (de)* : **La botiga és lluny d'aquí**, *L'épicerie est loin d'ici.*

Allí, allà, *là, là-bas*. Nous connaissons déjà **aquí**, *ici* : **Aquí estic bé, allà també**, *Ici je suis bien, là-bas aussi.*

Tampoc, *non plus*. Quand **tampoc** précède le verbe dans un contexte négatif, nous pouvons le renforcer avec **no** : **Jo tampoc no vull tastar les galetes**, *Je ne veux pas non plus goûter les biscuits.*

LE PRONOM *RES*

Dans le dialogue nous rencontrons **res**, *rien*. Dans une phrase négative, **res** a le sens de *rien* : **No vull res**, *Je ne veux rien*. Dans une phrase interrogative ou conditionnelle, **res** se traduit par *quelque chose* : **Tens res per menjar?**, *As-tu quelque chose à manger ?* ; **Si saps res, digues-m'ho**, *Si tu sais quelque chose, dis-le-moi*.

LES PRONOMS DE COMPLÉMENT DIRECT

Dans le dialogue, nous rencontrons plusieurs pronoms de complément direct : **el fas tu**, *tu le fais* ; **la vull tèbia**, *je la veux tiède* ; **no en vull**, *je n'en veux pas…* Voici un petit récapitulatif.

Défini	**el**, *le*	**Faig el cafè**, *Je prépare le café.*	**El faig**, *Je le prépare.*
	la, *la*	**Vull la xocolata**, *Je veux le chocolat.*	**La vull**, *Je la veux.*
	els, *les*	**Prenc els cereals**, *Je prends les céréales.*	**Els prenc**, *Je les prends.*
	les, *les*	**Menjo les galetes**, *Je mange les galettes.*	**Les menjo**, *Je les mange.*
Indéfini	**en**, *en*	**Prenc xocolata**, *Je prends du chocolat.*	**En prenc**, *J'en prends.*
Neutre	**ho**, *le*	**Volem això**, *Nous voulons cela.*	**Ho volem**, *Nous le voulons.*

▲ CONJUGAISON
LE VERBE *AGRADAR*

Pour traduire le verbe *aimer* (*apprécier* ou *plaire*), le catalan utilise le verbe **agradar**, *plaire*. Il fait partie des verbes appelés psychologiques car ils expriment la sensation provoquée chez quelqu'un. Il s'accorde avec l'objet qui crée la sensation (et non avec la personne qui éprouve cette sensation). Nous aurons donc : **M'agrada el cafè**, *J'aime le café* ; **T'agrada el te?**, *Aimes-tu le thé ?*

Agradar, plaire	
(a mi) m'agrada	(moi) j'aime
(a tu) t'agrada	(toi) tu aimes
(a ell/a ella/a vostè) li agrada	(lui/elle) il/elle aime
(a nosaltres) ens agrada	(nous) nous aimons
(a vosaltres) us agrada	(vous) vous aimez
(a ells/a elles/a vostès) els agrada	(eux/elles) ils/elles aiment

En revanche, nous aurons : **(Jo) agrado a un noi**, Je plais à un garçon.

● VOCABULAIRE

agradar, plaire
així, ainsi
allà, là, là-bas
allí, là, là-bas
bo, bon
bona/bones, bonne/s
botiga, épicerie, magasin
cafè amb llet, café au lait
cafè americà, café allongé
cafè exprés, café espresso
cafè, café
calent/a, chaud/e
cereals, céréales
comerç, commerce
comprar, acheter
despertar-se, se réveiller
dinar, déjeuner
escollir, choisir
és clar, bien sûr
estimar préférer, aimer

fred/freda, froid/e
galeta/galetes (f.), biscuit/s, galette/s
gana, faim
lluny, loin
menjar, manger
millor, mieux
no gaire, pas trop
parc, parc
per favor, s'il vous plaît
prop/à prop, près, proche
res, rien, quelque chose
si us plau, s'il vous plaît
sucre, sucre
tallat, café noisette
tampoc, non plus
tastar, gouter
te, thé
venir de gust, avoir envie de
xocolata (f.), chocolat

NOTE CULTURELLE

Vous trouverez des biscuits catalans un peu partout. Parmi eux, il y a les **carquinyolis** et les **pets de monja**. Les **carquinyolis** sont des biscuits secs à base d'amandes. Ils peuvent être préparés de différentes manières, en variant les ingrédients comme les noix, les pistaches ou les noisettes. Les **pets de monja**, *pets de nonne*, quant à eux, sont de petits biscuits à base d'œufs, de sucre, de zeste de citron, de farine et de beurre. Leur histoire remonte au xixe siècle à Barcelone, où ils ont été inventés par un pâtissier italien.

● EXERCICES

1. TRADUISEZ CES PHRASES.

a. Preparo cafè. En voleu? ....

b. Et preparo un tallat o t'estimes més un cafè? ....

c. M'estimo més prendre un te amb llet. ....

d. M'agrada la llet calenta. ....

e. Vaig a comprar els cereals a la botiga. ....

2. COMPLÉTEZ AVEC UN PRONOM.

a. Jo vull la llet freda, tu com .... vols?

b. Els cereals semblen bons, ... vaig a tastar.

c. .... estimo més prendre un te.

d. A tu .... agrada la xocolata.

e. Joan, què .... sembla aquest te?

3. ÉCOUTEZ L'ENREGISTREMENT ET COMPLÉTEZ LES PHRASES.

a. A mi .... prendre el café .... sucre.

b. A la tarda, després de .... sempre faig un tallat i menjo una mica de ....

c. Avui no .... res. .... em quedo a casa.

d. Si us plau, em pôts .... un .... amb llet .... ?

4. VRAI OU FAUX ? ÉCOUTEZ LE DIALOGUE ET COCHEZ LA BONNE RÉPONSE.

a. L'Eulàlia no vol comprar cafè.	☐ VRAI	☐ FAUX
b. L'Eulàlia vol tastar les galetes.	☐ VRAI	☐ FAUX
c. El Joan proposa comprar després de dinar.	☐ VRAI	☐ FAUX
d. L'Elena prefereix sortir a comprar abans de dinar.	☐ VRAI	☐ FAUX

7.
JOUER DE LA MUSIQUE

FER MÚSICA

OBJECTIFS	NOTIONS
• PARLER DE MUSIQUE ET DES INSTRUMENTS	• REPÈRES TEMPORELS ET DURÉE : *DES DE, DES DE FA, FA*
• EXPRIMER L'OBLIGATION	• L'OBLIGATION : *HAVER DE, CALDRE*
• S'ORGANISER DANS LE TEMPS	• LA PROBABILITÉ, *DEURE* + INFINITIF
	• LE VERBE *FALTAR*

AVANT LE CONCERT

Amàlia : Je suis un peu stressée aujourd'hui.

Cesc : Comment ça se fait ?

Amàlia : Demain j'ai un concert à Tarragone.

Cesc : Tu as un groupe de musique ? Je ne le savais pas !

Amàlia : Pas tout à fait. Je joue dans un orchestre depuis longtemps.

Cesc : De quel instrument joues-tu ?

Amàlia : De la flûte. J'aime les instruments à vent.

Cesc : Tu dois être experte *(Tu dois en savoir beaucoup)* ! Depuis quand étudies-tu la musique ?

Amàlia : Depuis dix ans. Je prends des cours avec un professeur particulier.

Cesc : Je joue de la guitare et du violon.

Amàlia : Et ça fait longtemps que tu joues du violon ? Il nous manque un violoniste à l'orchestre...

Cesc : Depuis un an seulement. Je n'y connais pas grande chose *(Je n'en sais pas beaucoup)*.

Amàlia : Il faut pratiquer beaucoup. Aujourd'hui, j'ai une répétition. Veux-tu venir ?

Cesc : Aujourd'hui je ne peux pas, désolé.

Amàlia : Qu'est-ce que tu as à faire ?

Cesc : Demain, je vais à Tarragone et je dois encore acheter le billet.

Amàlia : À Tarragone ? Comment ça se fait ?

Cesc : Mon amie joue dans un orchestre. Je ne veux pas la rater !

09 ABANS DEL CONCERT

Amàlia: Avui estic una mica nerviosa.

Cesc: Com és això?

Amàlia: Demà tinc un concert a Tarragona.

Cesc: Tens un grup de música? No ho sabia!

Amàlia: No ben bé. Fa temps que toco en una orquestra.

Cesc: Quin instrument toques?

Amàlia: La flauta. M'agraden els instruments de vent.

Cesc: En deus saber molt! Des de quan estudies música?

Amàlia: Des de fa deu anys. Faig classes amb un professor particular.

Cesc: Jo toco la guitarra i el violí.

Amàlia: I fa temps, que toques el violí? A l'orquestra ens falta un violinista...

Cesc: Des de fa un any, només. No en sé gaire.

Amàlia: Cal practicar molt. Avui tinc assaig. Vols venir?

Cesc: Avui no puc, ho sento.

Amàlia: Què has de fer?

Cesc: Demà vaig a Tarragona i encara he de comprar el bitllet.

Amàlia: A Tarragona? Com és això?

Cesc: La meva amiga toca en una orquestra. No m'ho vull perdre!

■ COMPRENDRE LE DIALOGUE
FORMULES ET EXPRESSIONS

→ **Tocar un instrument de música**, *jouer d'un instrument de musique*. Attention : pour garder le son **[k]**, n'oubliez pas de changer la graphie : **tu toques**, *tu joues* ; **nosaltres toquem**, *nous jouons* ; **vosaltres toqueu**, *vous jouez*.
Le verbe **jugar**, *jouer* dans le sens de « s'amuser », s'utilise pour évoquer le jeu. **Jugar amb els amics**, *jouer avec des amis* ; **jugar a cartes**, *jouer aux cartes*. **Tocar** a aussi le sens de *toucher* : **L'home toca la taula**, *L'homme touche la table*. Enfin, **Et toca!**, *C'est à ton tour !*

→ Découvrons les **instruments de vent**, *instruments à vent*, comme **la flauta**, *la flûte* ; **la trompeta**, *la trompette* ou **la tuba**, *le tuba*, mais également les **instruments de corda**, *instruments à cordes*, comme **el violí**, *le violon* ou **le violoncel**, *le violoncelle* et les **instruments de percussió**, *instruments à percussion*, comme **la bateria**, *la batterie* ou **el xilòfon**, *le xylophone*.

→ **No en sé gaire**, *Je n'y connais pas grande chose*. **Gaire** est l'équivalent de *beaucoup*, *très*, *guère* dans les phrases négatives, interrogatives et conditionnelles : **No estic gaire cansada**, *Je ne suis pas trop fatiguée*.

NOTE CULTURELLE

Tarragone est une belle ville méditerranéenne inscrite au patrimoine mondial de l'Humanité de l'UNESCO. La présence romaine reste très visible, notamment grâce à son amphithéâtre, construit au IIe siècle face à la mer. Mais la ville et ses alentours recèlent bien d'autres trésors !

◆ GRAMMAIRE
REPÈRES TEMPORELS ET DURÉE

Nous rencontrons dans le dialogue **fa**, *ça fait* ; **des de**, *depuis* ; **des de fa**, *depuis*. En catalan, **des de**, *depuis* exprime, comme en français, un repère temporel : **Des de quan estudies música?**, *Depuis quand étudies-tu la musique ?*

Attention : **des de** prend une apostrophe en présence d'un mot commençant par une voyelle ou un **h** muet : **Des d'ahir estudio piano**, *Depuis hier j'étudie le piano*.

Pour exprimer la durée, le catalan utilise **des de fa**, *depuis* : **No dormo des de fa tres dies**, *Je ne dors pas depuis trois jours* ; ou encore **fa**, *ça fait*, du verbe **fer**, *faire* à la troisième personne du singulier, souvent accompagné de **que**, *que* : **Fa un any que toco el piano**, *Ça fait un an que je joue du piano*.

▲ CONJUGAISON
L'OBLIGATION

Pour traduire l'obligation, le catalan utilise le verbe **haver de**, *devoir* suivi de l'infinitif du verbe qui exprime l'action : **hem de treballar**, *nous devons travailler*.

Haver de	Devoir
he de (ou **haig de**)	*je dois*
has de	*tu dois*
(a ell/a ella/a vostè) ha de	*il/elle doit*
nosaltres hem de	*nous devons*
vosaltres heu de	*vous devez*
ells/elles/vostès han de	*eux/elles, ils/elles doivent*

Autre formulation, le verbe **caldre**, *falloir* à la troisième personne du singulier et du pluriel : **cal estudiar**, *il faut étudier* ; **calen diners**, *il faut de l'argent*.

LA PROBABILITÉ

Dans le dialogue, nous avons également vu le verbe **deure**, *devoir*.

Deure	Devoir
jo dec	*je dois*
tu deus	*tu dois*
ell/ella/vostè deu	*il/elle doit*
nosaltres devem	*nous devons*
vosaltres deveu	*vous devez*
ells/elles/vostès deuen	*eux/elles, ils/elles doivent*

Pour exprimer la notion de probabilité, le plus courant est d'utiliser la périphrase **deure** + infinitif : **deu estar cansat**, *il doit être fatigué.*

Un autre usage du verbe **deure** pour dire *devoir quelque chose* : **L'Anna deu tres-cents euros**, *Anna doit trois-cents euros.*

LE VERBE *FALTAR* « MANQUER »

Le verbe **faltar**, *manquer* : **Ens falta un professor**, *Il nous manque un professeur* se conjugue ici comme **agradar**, *plaire*.

Attention : pas d'élision pour **em**, *em* et **et**, *te* : **Em falta un estudiant**, *Il me manque un étudiant* ; **Et falta un pianista**, *Il te manque un pianiste.*

● EXERCICES

1. TRADUISEZ CES PHRASES.

a. Fa molt que toca la flauta, en deu saber molt.
....

b. Aquesta setmana no puc venir.
....

c. Avui tinc un concert. He de practicar molt.
....

d. Cal comprar el bitllet.
....

e. Des de quan toques el piano?
....

2. COMPLÉTEZ AVEC *FA*, *DES DE* OU *DES DE FA*.

a. .... cinc anys que toco la guitarra.

b. Toco el violí .... poc.

c. .... petita estudio música.

d. .... quan toques en una orquestra?

VOCABULAIRE

això, cela
assaig, essai
concert, concert
des de, depuis
des de fa, depuis
fa, cela fait
flauta, flûte
grup, groupe
música, musique
guitarra, guitare
instrument, instrument
jugar, jouer
nerviós/a, nerveux/se
només, seulement
orquestra (f.), orchestre
particular, particulier
practicar, pratiquer
saber, savoir
temps, temps

tocar, jouer (d'un instrument), toucher
vent, vent
violí, violon
violinista, violoniste
instruments de vent, instruments à vent
trompeta, trompette
tuba (f.), tuba
instruments de corda, instruments à cordes
violoncel, violoncelle
Instruments de percussió, instruments à percussion
bateria, batterie
xilòfon, xylophone
Et toca!, C'est ton tour !
No ben bé, pas tout à fait

3. ÉCOUTEZ L'ENREGISTREMENT ET COMPLÉTEZ LES PHRASES.

09

a. El meu amic està ....

b. El meu fill estudia .... molt de temps.

c. Aquest cap de setmana tinc classe amb un .... particular.

d. .... que no practico cap instrument de música.

4. VRAI OU FAUX ? ÉCOUTEZ LE DIALOGUE ET COCHEZ LA BONNE RÉPONSE.

09

a. La Carla toca la trompeta.	☐ VRAI	☐ FAUX
b. El Pol vol fer música.	☐ VRAI	☐ FAUX
c. La Carla és professora de música.	☐ VRAI	☐ FAUX
d. La Carla toca en una orquestra.	☐ VRAI	☐ FAUX

II

LA

VIE

QUOTIDIENNE

8.
DEMANDER L'HEURE
DEMANAR L'HORA

OBJECTIFS	NOTIONS

- **DEMANDER ET DIRE L'HEURE**
- **PARLER DE SES PROJETS**
- **POSER DES QUESTIONS**

- **LA PLACE DU PRONOM (LES FORMES IMPERSONNELLES DES VERBES)**
- **LE DOUBLE PRONOM**
- ***ESTAR* + GÉRONDIF**

QUELLE HEURE EST-IL ?

Bernat : Ariadna, quelle heure est-il ?

Ariadna : L'heure de t'acheter une montre !

Bernat : Très drôle… Tu as l'heure ? J'ai une réunion avec les voisins de mon immeuble à quatre heures.

Ariadna : Il est trois heures moins le quart.

Bernat : Qu'est-ce qu'il est tard ! Je dois y aller *(Je m'en vais)*. Et toi, tu fais quoi *(tu es en train de faire quoi)* ?

Ariadna : Je finis un rapport, mais je pars aussi bientôt.

Bernat : Toi aussi, tu pars déjà *(tu t'en vas)* ? Tu es pressée ?

Ariadna : Un peu, mais pas trop. J'ai rendez-vous avec l'électricien d'ici peu. Nous faisons des travaux à la maison : dans la cuisine et dans la salle de bains.

Bernat : Vous faites *(Vous êtes en train de faire)* des travaux *(rénovations)* dans l'appartement ?

Ariadna : Nous voulons renouveler l'installation électrique, c'est un vieil appartement. Pour le moment, nous demandons *(nous sommes en train de demander)* des devis.

Bernat : C'est une dépense importante. Moi aussi, j'ai des travaux à faire à la maison.

Ariadna : Nous recherchons également un plombier, les toilettes fuient *(perdent de l'eau)*.

Bernat : J'en connais un. Le rapport qualité/prix est bon. Il a un magasin qui ouvre les matins vers neuf heures, neuf heures et quart.

Ariadna : Merci ! Au fait, Bernat, je pense que tu es en retard pour ta réunion !

QUINA HORA ÉS?

<u>Bernat</u>: Ariadna, quina hora és?

<u>Ariadna</u>: L'hora de comprar-te un rellotge!

<u>Bernat</u>: Molt graciosa… Tens hora? Tinc una reunió amb els veïns del meu edifici a les quatre.

<u>Ariadna</u>: Són tres quarts de quatre.

<u>Bernat</u>: Què tard! Me'n vaig. I tu, què estàs fent?

<u>Ariadna</u>: Estic acabant un informe, però també plego aviat.

<u>Bernat</u>: Ja te'n vas, tu també? Tens pressa?

<u>Ariadna</u>: Una mica, però no gaire. Tinc cita amb l'electricista d'aquí una estona. Estem fent obres a casa: a la cuina i al bany.

<u>Bernat</u>: Esteu reformant el pis?

<u>Ariadna</u>: Volem renovar la instal·lació elèctrica, és un pis antic. De moment, estem demanant pressupostos.

<u>Bernat</u>: És una despesa important. Jo també he de fer obres a casa.

<u>Ariadna</u>: També estem buscant un lampista, el lavabo perd aigua.

<u>Bernat</u>: En conec un. La relació qualitat-preu és bona. La seva botiga obre els matins cap a les nou o un quart de deu.

<u>Ariadna</u>: Gràcies! Per cert, Bernat, crec que fas tard a la teva reunió!

COMPRENDRE LE DIALOGUE
FORMULES ET EXPRESSIONS

→ Le verbe **plegar** signifie à la fois *plier* et *s'arrêter de travailler* : **Són les set, és hora de plegar**, *Il est sept heures, il est temps d'arrêter de travailler*.
→ **D'aquí una estona**, *d'ici peu* : **una estona**, *un petit moment*.
→ **Cap a**, *vers* : **cap a les nou**, *vers neuf heures* ; **Cap a quina hora?**, *Vers quelle heure ?*
→ **Fer tard**, *être en retard, arriver en retard*.

DEMANDER ET DIRE L'HEURE

À la question **Quina hora és?** *Quelle heure est-il ?*, nous répondrons :

És la una, *Il est une heure.*

Són les dues*, *Il est deux heures.*

Són les tres i deu**, *Il est trois heures dix.*

Són les dotze, *Il est midi.*

Són les cinc (de la tarda), *Il est cinq heures (de l'après-midi).*

Són les nou (del vespre), *Il est neuf heures (du soir).*

Són les onze (de la nit), *Il est onze heures* (litt. « de la nuit » = *du soir*).

* Attention : **dos**, *deux* maintient sa variation de genre : **dos** pour le masculin, **dues** pour le féminin, bien que dans certaines zones la forme **dos** est considérée comme invariable.

** Le catalan utilise **i** entre l'heure et les minutes rajoutées.

Dans une bonne partie de la Catalogne, on exprime les intermédiaires avec le mot **quart** + l'heure suivante. C'est une particularité propre à la langue catalane. Ainsi, pour dire *Il est trois heures et quart* on dira littéralement « Il est un quart de quatre », **És un quart de quatre** ; *Il est une heure et demie*, **Són dos quarts de dues** ; *Il est cinq heures moins le quart*, **Són tres quarts de sis**.

Voici quelques exemples, ça rentrera avec la pratique :

És un quart i cinc de quatre, *Il est trois heures vingt* ; **És un quart i deu de sis**, *Il est cinq heures vingt-cinq* ; **Són tres quarts i deu de deu** ou **Falten cinc minuts per a les deu**, *Il est dix heures moins cinq.*

Toutefois, il est de nombreuses zones où vous pourrez entendre l'heure exprimée comme en français :

Són les set i quart, *Il est sept heures et quart* ; **Són les nou i mitja**, *Il est neuf heures et demie* ; **Són les onze menys quart**, *Il est onze heures moins le quart*.

◆ GRAMMAIRE
LA PLACE DU PRONOM (LES FORMES IMPERSONNELLES DES VERBES)

En catalan, les pronoms se placent généralement avant le verbe : **Jo em compro un pis**, *Je m'achète un appartement*.

Remarquons cependant trois exceptions : à l'infinitif, à l'impératif et au gérondif, les pronoms se placent après le verbe : **comprar-se**, *s'acheter*. Attention aux verbes de la seconde conjugaison, **perdre's**, *se perdre* (qui finissent par une voyelle).

Comprar-se, *s'acheter*	**Perdre's**, *se perdre*
Vull comprar-me un cotxe, *Je veux m'acheter une voiture.*	**Vull perdre'm a la ciutat**, *Je veux me perdre dans la ville.*
Vols comprar-te un cotxe, *Tu veux t'acheter une voiture.*	**Vols perdre't a la ciutat**, *Tu veux te perdre dans la ville.*
Vol comprar-se un cotxe, *Il/Elle veut s'acheter une voiture.*	**Vol perdre's a la ciutat**, *Il/Elle veut se perdre dans la ville.*
Volem comprar-nos un cotxe, *Nous voulons nous acheter une voiture.*	**Volem perdre'ns a la ciutat**, *Nous voulons nous perdre dans la ville.*
Voleu comprar-vos un cotxe, *Vous voulez vous acheter une voiture.*	**Voleu perdre-us a la ciutat**, *Vous voulez vous perdre dans la ville.*
Volen comprar-se un cotxe, *Ils/Elles veulent s'acheter une voiture.*	**Volen perdre's a la ciutat**, *Ils/Elles veulent se perdre dans la ville.*

Avec **estar** + gérondif (cf. la section « Conjugaison ») nous pourrons placer le pronom avant le verbe **estar** ou après le gérondif : **m'estic comprant…** ou **estic comprant-me…**, *je suis en train de m'acheter…* Un autre exemple : **Us esteu reformant la casa** ou **Esteu reformant-vos la casa**, *Vous êtes en train de rénover la maison*.

LE DOUBLE PRONOM

Dans ce dialogue, nous retrouvons **me'n vaig**, *je m'en vais* et **te'n vas**, *tu t'en vas*. Nous aborderons le double pronom progressivement, mais retenez déjà cette combinaison.

em + en = me'n	**Jo me'n vaig**, *Je m'en vais.*
et + en = te'n	**Tu te'n vas**, *Tu t'en vas.*
es + en = se'n	**Ell/Ella/Vostè se'n va**, *Il/Elle s'en va.*
ens + en = ens en	**Nosaltres ens n'anem / Nosaltres ens en anem***, *Nous nous en allons.*
us + en = us en	**Vosaltres us n'aneu / us en aneu***, *Vous vous en allez.*
es + en = se'n	**Ells/Elles/vostès se'n van**, *Ils/Elles s'en vont.*

Et voici une première règle : en catalan, l'apostrophe se place toujours le plus à droite possible, même si dans certains cas les deux options sont acceptées (*).

▲ CONJUGAISON
ESTAR + GÉRONDIF

Estic fent, *je suis en train de faire* : **Estem buscant**, *Je suis en train de chercher*. Pour indiquer qu'une action est en train de se produire, le catalan utilise l'auxiliaire **estar** + gérondif, qui correspond au français *être en train de* + infinitif. Ainsi, **Estic treballant** litt. « Je suis travaillant », *Je suis en train de travailler*, qui se traduira souvent tout simplement par *Je travaille*.

VOCABULAIRE

acabar, *finir*
aigua (f.), *eau*
bany (m.), *salle de bains*
buscar, *chercher*
cap a, *vers*
cita, *rendez-vous*
cuina, *cuisine*
de moment, *pour le moment*
demanar, *demander*
despesa, *dépense*
elèctrica, *électrique*
electricista, *électricien*
estona (f.), *moment*
graciós/graciosa, *drôle*
hora, *heure*
comprar, *acheter*
important, *important*
informe, *rapport*
instal·lació, *installation*
lampista, *plombier*
lavabo, *évier*, *toilettes*

matí/matins, *matin/s*
obra (f.), *chantier*, *travaux*, *œuvre*
obrir, *ouvrir*
pis, *appartement*
plegar, *plier*, *arrêter (le travail)*
pressupost, *devis*, *budget*
preu, *prix*
qualitat, *qualité*
reformes, *rénovations*, *travaux*
relació, *relation*
rellotge (m.), *montre*
renovar, *rénover*
reunió, *réunion*
tard, *tard*
veí/veïns, *voisin/s*
fer obres, *faire des travaux*
no gaire, *pas trop*
tenir pressa, *être pressé*
una mica, *un peu*

NOTE CULTURELLE

Dans ce module, vous apprenez à dire l'heure en catalan. Sachez que ce système est exclusif à la langue catalane et est principalement utilisé en Catalogne et en Andorre. Dans les autres régions telles que Valence, les îles ou la Catalogne du Nord, il n'est pas appliqué. L'origine de ce système remonte aux cadrans solaires où les minutes n'étaient pas marquées.

EXERCICES

1. ÉCOUTEZ L'ENREGISTREMENT ET COCHEZ L'HEURE CORRECTE.

a. 10 h ☐　　　☐ 22 h

b. 13 h 15 ☐　　　☐ 14 h 15

c. 17 h 15 ☐　　　☐ 16 h 45

d. 12 h 05 ☐　　　☐ 12 h 25

e. 14 h 30 ☐　　　☐ 15 h 30

2. TRADUISEZ CES PHRASES.

a. Estic fent obres al pis, vull renovar el bany i la cuina.
....

b. El lavabo perd aigua, estic buscant un lampista.
....

c. A les deu del vespre tenim cita amb els veïns. Me'n vaig.
....

d. Fem tard, són tres quarts i cinc de set. Ens en anem?
....

e. M'estic comprant una casa, és una despesa molt gran.
....

3. ÉCOUTEZ L'ENREGISTREMENT ET COMPLÉTEZ LES PHRASES.

a. Són les dues, ... d' anar a dinar. Ens n'anem?

b. .... tenim cita amb l'electricista. Plego!

c. Faig tard, ... per casa abans de la reunió de veïns.

d. Cap a les nou plego, són ....

e. Quina hora és? .... el meu rellotge.

4. VRAI OU FAUX ? ÉCOUTEZ LE DIALOGUE ET COCHEZ LA BONNE RÉPONSE.

a. Són les deu.　　　　　　　　　　　　　☐ VRAI　☐ FAUX

b. Fan la pausa a les cinc.　　　　　　　　☐ VRAI　☐ FAUX

c. L'electricista ve avui.　　　　　　　　　☐ VRAI　☐ FAUX

d. El lampista ha de fer la instal·lació elèctrica. ☐ VRAI　☐ FAUX

9.
TÂCHES MÉNAGÈRES
TASQUES DOMÈSTIQUES

OBJECTIFS

- EXPRIMER UNE PRÉFÉRENCE
- ORGANISER LA JOURNÉE
- PROPOSER QUELQUE CHOSE

NOTIONS

- LA CONSTRUCTION NÉGATIVE
- LES PRÉPOSITIONS
- L'ARTICLE CONTRACTÉ
- LES QUANTIFICATEURS
- LE VERBE *VEURE*

TRAVAILLER À LA MAISON

Santi : Aujourd'hui je travaille à la maison, ici je suis plus efficace.

Sílvia : Je reste aussi à la maison. Le matin, je n'ai pas de cours et je veux en profiter pour faire quelque chose. On sort déjeuner ensemble ?

Santi : Aujourd'hui je ne peux pas, vraiment *(de vérité)*. J'ai trop de choses à faire. Mais on peut sortir l'après-midi. Je prends mon après-midi libre.

Sílvia : Ces jours-ci, personne n'est disponible. Aucun de mes amis ne veut sortir. Je m'ennuie pas mal.

Santi : Tout le monde a du travail, tu ne dois pas étudier pour tes examens ?

Sílvia : Si, mais j'ai la flemme. La physique et la chimie sont assez difficiles, et les mathématiques ne me plaîsent pas. Je suis peu motivée.

Santi : Je vois. Tu peux toujours ranger la maison, ou nettoyer la cuisine.

Sílvia : Et quoi encore ? Je mets une machine à laver ? J'enlève la poussière ?

Santi : J'ai quelques chemises très froissées. Si tu veux les repasser…

Sílvia : Tu es gonflé ! Heureusement, tu rigoles !

Santi : Oui, je suis drôle. Alors tu vas faire quoi ?

Sílvia : J'imagine que je vais étudier un peu. Je préfère étudier que de faire le ménage.

Santi : Je vois que tu préfères les maths à l'eau de javel, la physique au fer à repasser et la chimie aux torchons ! Je comprends !

Sílvia : Bien sûr. Mais n'oublie pas que ce soir c'est à toi de sortir les poubelles et de faire la vaisselle. C'est ton tour !

TREBALLAR A CASA

<u>Santi</u>: Avui treballo a casa, aquí soc més eficaç.

<u>Sílvia</u>: Jo també em quedo a casa. Al matí no tinc classe i vull aprofitar per fer alguna cosa. Sortim a dinar?

<u>Santi</u>: Avui no puc, de veritat. Tinc massa coses a fer. Però podem sortir a la tarda. M'agafo la tarda lliure i sortim una estona.

<u>Sílvia</u>: Aquests dies ningú no està disponible. Cap dels meus amics vol sortir. Estic bastant avorrida.

<u>Santi</u>: Tothom té feina, tu no has d'estudiar pels exàmens?

<u>Sílvia</u>: Sí, però em fa molta mandra. La física i la química són bastant difícils, i les matemàtiques tampoc se'm donen bé. Estic poc motivada.

<u>Santi</u>: Ja ho veig. Sempre pots ordenar la casa. O netejar la cuina.

<u>Sílvia</u>: I què més? Poso una rentadora? Trec la pols dels mobles?

<u>Santi</u>: Tinc algunes camises molt arrugades, si les vols planxar...

<u>Sílvia</u>: Quina cara! Sort que fas broma!

<u>Santi</u>: Sí, soc divertit. Així què fas?

<u>Sílvia</u>: Suposo que vaig a estudiar una estona. Prefereixo les mates à fer neteja.

<u>Santi</u>: Veig que prefereixes les mates al lleixiu, la física a la planxa i la química als draps! Ho entenc!

<u>Sílvia</u>: És clar. Però no t'oblidis que aquest vespre et toca a tu treure les escombraries i rentar els plats. Es el teu torn!

■ COMPRENDRE LE DIALOGUE
FORMULES ET EXPRESSIONS

→ **Et toca (a tu)**, litt. « Il te touche (à toi) » est une expression pour traduire *C'est ton tour*. Nous trouverons également **És el teu torn**, *C'est ton tour*. Les deux expressions peuvent se retrouver ensemble : **Em toca a mi**, **és el meu torn**, *C'est à moi, c'est mon tour*. N'oubliez pas l'accord du possessif **el meu**, *mon* ; **el teu**, *ton* ; **el seu**, *son* ; **el nostre**, *notre* ; **el vostre**, *votre* ; **el seu**, *son*.

→ **No se'm dona bé**, *je ne suis pas doué/e*. N'oubliez pas de l'accorder : **A tu se't dona bé ordenar**, *Tu es doué/e pour ranger*.

→ **Quina cara!** litt. « Quel visage ! » pour dire *Tu es gonflé/e !*

◆ GRAMMAIRE
LA CONSTRUCTION NÉGATIVE

Outre l'adverbe **no**, plusieurs mots portent la négation : **cap**, *aucun* ; **mai**, *jamais* ; **ningú**, *personne* ; **tampoc**, *non plus* ; **res**, *rien*. Ils sont souvent placés après le verbe, ils auront besoin de l'adverbe **no** :

No puc fer res, estic cansada, *Je ne peux rien faire, je suis fatiguée* ; **No tinc cap amic en aquesta ciutat**, *Je n'ai aucun ami dans cette ville* ; **No vaig mai al cinema**, *Je ne vais jamais au cinéma* ; **Avui no ve ningú**, *Aujourd'hui personne ne vient* ; **No tinc cap amic**, *Je n'ai aucun ami*.

Lorsqu'ils précèdent le verbe, ils peuvent être renforcés avec l'adverbe **no** :

Ella tampoc (no) pot ajudar-te, *Elle ne peut pas t'aider non plus* ; **Ningú (no) vol sortir, tothom té coses a fer**, *Personne ne veut sortir, tout le monde a des choses à faire* ; **Mai (no) faig les coses bé**, *Je ne fais pas bien les choses* ; **Res (no) és gratuït, tot té un preu**, *Rien n'est gratuit, tout a un prix* ; **Cap amic vol sortir**, *Aucun ami ne veut sortir*.

LES PRÉPOSITIONS

Pour exprimer qu'une action se déroule une partie de la journée (**el matí**, *le matin* ; **el migdia**, *le midi* ; **la tarda**, *l'après-midi* ; **el vespre**, *le soir* ou **la nit**, *la nuit*...), les prépositions utilisées sont **a** ou **de** selon le cas. Par exemple : **No tenim classe al matí / al migdia / a la tarda / al vespre / a la nit**, *Nous n'avons pas cours le matin / à midi / l'après-midi / le soir / la nuit*. Mais nous dirons : **Treballa de matí/de nit**, *Il travaille de jour* (litt. « de matin »)*/de nuit*. La construction avec **per**, *pour* s'utilise familièrement (**pel matí**, *le matin* ; **per la tarda**, *l'après-midi* ; **per la vesprada**, *le soir* ; **per la nit**, *la nuit*...), mais elle devrait être évitée dans les registres formels.

L'ARTICLE CONTRACTÉ

L'article contracté se forme à partir de la contraction d'une préposition et d'un article. Les articles **el**, *le* et **els**, *les* se contractent avec les prépositions **a**, *à*, **de**, *de*, **per**, *pour*, *par*.

	el	**els**
a + ...	**al**, *au*	**als**, *aux*
de + ...	**del**, *du*	**dels**, *des*
per + ...	**pel**, *par le*	**pels**, *par les*

Attention ! Il n'y a pas de contraction avec **l'** : **Passem per l'esquerra**, *Passons par la gauche.*

LES QUANTIFICATEURS

Dans ce module, nous rencontrons quelques quantificateurs : **molt**, **molta**, **massa**, **bastant**, **poc**. Les quantificateurs sont des adjectifs qui s'accordent (**Tinc moltes amigues**, *J'ai beaucoup d'amies*) ou des adverbes invariables (**Tinc massa feina**, *J'ai trop de travail*).

Voici les formes variables.

• **molt**, **molta**, **molts**, **moltes** :

La meva amiga té molta feina, *Mon amie a beaucoup de travail.*

Tinc molts examens, *J'ai beaucoup d'examens.*

• **poc**, **poca**, **pocs**, **poques** :

Som pocs homes a casa, *Nous sommes peu d'hommes à la maison.*

Tenim poques visites, *Nous avons peu de visites.*

Voici les formes invariables.

• **massa** :

Tinc massa feina, *J'ai trop de boulot.*

- **bastant**, *pas mal, assez* :
Hem de treballar bastant, *Nous devons pas mal travailler.*

- **força**, *très* :
Estic força motivat, *Je suis très motivé/e.*

- **poc**, *peu* :
Ets poc eficaç, *Tu es peu efficace.*

 ## CONJUGAISON
VEURE

Vous connaissez déjà l'infinitif **veure**, *voir*, mais nous ne l'avions pas encore conjugué. Il s'agit d'un verbe irrégulier de la seconde conjugaison.

Veure, *voir*
jo veig, *je vois*
tu veus, *tu vois*
ell/ella/vostè veu, *il/elle voit*
nosaltres veiem, *nous voyons*
vosaltres veieu, *vous voyez*
ells/elles/vostès veuen, *ils/elles voient*

VOCABULAIRE

agafar, *prendre*
aprofitar, *profiter*
arrugat/da, *froissé/e, ridé/e*
avorrit/da, *ennuyeux/se*
bastant, *assez*
camisa, *chemise*
difícil, *difficile*
disponible, *disponible*
divertit, *drôle, amusant/e*
drap/s, *torchon/s*
eficaç, *efficace*
entendre, *comprendre, entendre*
escombraries, *poubelle*
fer broma, *rigoler, blaguer*
física, *physique*
lleixiu, *eau de javel*
lliure, *disponible, libre*

mandra, *paresse*
matemàtiques, *mathématiques*
moble, *meuble*
motivat/da, *motivé/e*
netejar, *nettoyer*
ordenar, *ranger, ordonner*
planxa, *fer à repasser*
planxar, *repasser*
plat/s, *assiette/s, plat/s*
pols, *poussière*
química, *chimie*
rentadora, *machine à laver*
rentar, *laver*
donar-se'm bé, *être doué/e*
és el teu torn, *c'est ton tour*
de veritat, *vraiment*

NOTE CULTURELLE

Savez-vous ce que Maria Elena Maseras i Ribera (1853-1905), Dolors Aleu i Riera (1857-1913), Montserrat Ripoll i Noble (1895-1946) et Creu Cases i Sicart (1913-2007) ont en commun ? Ce sont toutes des femmes scientifiques catalanes. Maria Elena Maseras et Dolors Aleu ont été parmi les premières femmes à obtenir un diplôme en médecine. Montserrat Ripoll était infirmière et a dirigé l'École d'infirmières de Catalogne pendant la Seconde République espagnole, avant de partir en exil au Venezuela lors de la Guerre civile espagnole où elle a dirigé l'École d'infirmières de Caracas. Creu Cases était pharmacienne et la première femme à obtenir une chaire de botanique en Espagne. Elles ont toutes contribué à ouvrir des portes jusque-là fermées aux femmes.

EXERCICES

1. TRADUISEZ LES PHRASES SUIVANTES.

a. Les matemàtiques no m'agraden. Prefereixo la física. ....

b. Veig que estàs força motivat. ....

c. Al vespre vull netejar el pis. ....

d. M'agafo el dia lliure. ....

e. A la tarda em quedo a casa. ....

2. COMPLÉTEZ CES PHRASES NÉGATIVES.

a. Avui no puc sortir, demà ....

b. Ho pots fer? Jo .... puc.

c. No tenim .... amic aquí.

d. .... (no) em pot ajudar amb l'examen.

e. Jo no vaig .... al cinema.

3. ÉCOUTEZ L'ENREGISTREMENT ET COMPLÉTEZ LES PHRASES.

a. Tenim .... coses a fer. A la .... ens quedem a casa.

b. Soc poc .... , ... la tarda lliure.

c. Demà .... dels meus .... pot sortir. Em .... a casa.

d. Després .... a sopar. Ara hem de .... el pis.

4. VRAI OU FAUX ? ÉCOUTEZ LE DIALOGUE ET COCHEZ LA BONNE RÉPONSE.

a. L'Elena proposa al Ricard sortir a dinar.   ☐ VRAI   ☐ FAUX

b. Al Ricard li fa mandra netejar.   ☐ VRAI   ☐ FAUX

c. L'Elena ha de netejar la casa.   ☐ VRAI   ☐ FAUX

d. El Ricard prefereix treure la pols.   ☐ VRAI   ☐ FAUX

10.
CHERCHER DU TRAVAIL
BUSCAR FEINA

OBJECTIFS	NOTIONS

- **LEXIQUE DES PETITS BOULOTS**
- **FAIRE DES PROPOSITIONS**

- **L'IMPARFAIT DE L'INDICATIF (USAGE)**

- **LE PRONOM *EN* + *HAVER-HI***

- **LES VERBES *TREBALLAR, PERDRE, ÉSSER, FER, SERVIR* À L'IMPARFAIT DE L'INDICATIF**

OBJECTIF : TROUVER DU TRAVAIL

Mireia : Qu'est-ce que tu faisais si tôt devant l'ordinateur ? Il était 6 h du matin et tu travaillais déjà !

Pol : Je consultais les offres d'emploi et je perdais *(la)* patience. Je ne trouve rien.

Mireia : Quel type d'emploi cherches-tu ?

Pol : J'ai de l'expérience dans le domaine de la restauration et du tourisme.

Mireia : Cet été, je travaillais dans un restaurant. Je peux demander à la propriétaire s'ils ont besoin de quelqu'un.

Pol : Merci ! Tant que ce n'est pas pour être *(faire de)* cuisinier ! Je ne sais même pas comment faire cuire *(frire)* un œuf !

Mireia : Je suppose que c'est pour être *(faire)* serveur. Dans quoi d'autre peux-tu travailler ?

Pol : Cet hiver, je faisais aussi du baby-sitting et j'aimais bien.

Mireia : Et en tant que caissier dans un supermarché ? Dans l'épicerie d'en face ils sont toujours à la recherche de quelqu'un.

Pol : Oups, non ! Je n'aime pas compter l'argent, c'est sûr que je vais me tromper *(que je me trompe)* en rendant la monnaie. Je cherche plutôt un travail tranquille, peu stressant.

Mireia : C'est plus compliqué. Il y a quelque temps il y avait une bourse d'offre d'emploi en ligne, je ne sais pas si elle existe encore.

Pol : Oui, il y en a beaucoup, mais ce sont des boulots le week-end. Je veux travailler l'après-midi, trois jours par semaine et pas plus de trois heures.

Mireia : Dans ce cas, le mieux c'est de passer une annonce et on t'appellera... ou pas ! Parce qu'il me semble que tu auras du mal à trouver...

OBJECTIU: TROBAR FEINA

Mireia: Què feies tan d'hora davant de l'ordinador? Eren les 6h i ja treballaves!

Pol: Consultava anuncis de feina i perdia la paciència. No trobo res.

Mireia: Quin tipus de feina busques?

Pol: Tinc experiència en l'àrea de la restauració i del turisme.

Mireia: Jo aquest estiu treballava en un restaurant. Puc preguntar a la propietària si necessiten algú.

Pol: Gràcies! Mentre no sigui per fer de cuiner! No sé ni fregir un ou!

Mireia: Suposo que és per fer de cambrer. De què més pots treballar?

Pol: Aquest hivern també feia de cangur i m'agradava.

Mireia: I de caixer en un supermercat? A la botiga d'aquí al davant sempre busquen algú.

Pol: Ui, no! No m'agrada contar els diners, segur que m'equivoco a l'hora de tornar el canvi. Més aviat busco una feina tranquil·la, poc estressant.

Mireia: Això és més complicat. Fa un temps hi havia una borsa de treball en línia, no sé si encara existeix.

Pol: Sí, n'hi ha moltes, però tot és per feines de cap de setmana. Jo vull treballar per la tarda, tres dies a la setmana i no més de tres hores.

Mireia: En aquest cas, el millor és posar un anunci i ja et trucaran... o no! Perquè em sembla que ho tens difícil...

■ COMPRENDRE LE DIALOGUE
FORMULES ET EXPRESSIONS

→ **L'estiu**, *l'été* ; **l'hivern**, *l'hiver*. Les autres saisons de l'année sont **la tardor**, *l'automne* et **la primavera**, *le printemps*.

→ **Mentre no sigui**, *tant que ce n'est pas…* **Mentre** est une conjonction de temps qui se traduira, selon le contexte, par *tant que, pendant que, comme, quand…* Ici, elle est suivie de l'imparfait du subjonctif du verbe **ésser**, *être*.

→ **Fer de cangur**, *faire du babysitting*. **Cangur** est aussi *le kangourou*.

→ **A l'hora de tornar el canvi**, *quand il s'agit de rendre la monnaie*. **A l'hora de** peut également avoir le sens propre *à l'heure de*, selon le contexte : **Vinc a l'hora de dinar**, *Je viens à l'heure du déjeuner*.

→ **No més**, *pas plus*, à ne pas confondre avec **només**, *seulement*.

→ **El millor és posar un anunci**, *Le mieux c'est de passer une annonce*. Il se traduit également par *le meilleur* : **Aquest vi és el millor**, *Ce vin est le meilleur*.

→ **Et trucaran**, *ils t'appelleront*. Remarquez ici l'utilisation du futur, que nous verrons ultérieurement.

→ Vous l'aurez remarqué dans le dialogue : Dans **Aquest hivern** le **s** d'aquest se prononce. Comme expliqué précédemment, cette prononciation est recommandée lorsque le mot suivant commence par une voyelle ou un **h** : **Ho tens difícil**, *tu auras du mal, ce sera difficile*.

◆ GRAMMAIRE
LE PRONOM *EN* + *HAVER-HI*

Vous connaissez **hi ha**, *il y a* et vous avez déjà croisé le pronom **en**, *en* (**me'n vaig**, *je m'en vais* ; **te'n vas**, *tu t'en vas…*). Dans ce module, nous rencontrons **en** + **hi ha**, **n'hi ha**, *il y en a*. Comme en français, le pronom **en**, *en*, remplace un complément d'objet direct qui exprime une quantité : **Hi ha una borsa de treball en línia. N'hi ha una**, *Il y a une bourse de travail en ligne. Il y en a une*. Pour **hi ha**, *il y a* à l'imparfait de l'indicatif, nous trouvons **hi havia**, *il y avait*.

▲ CONJUGAISON
TREBALLAR, PERDRE, ÉSSER, FER, SERVIR À L'IMPARFAIT DE L'INDICATIF

L'imparfait de l'indicatif est utilisé pour décrire un événement passé. Il indique une action ou un état qui a duré dans le passé. Il permet de se référer à des actions habituelles dans le passé et également de décrire des personnes, des choses et des situations du passé. Il se forme à partir du radical du verbe.

Treballar, *travailler* (1ʳᵉ conjugaison)	**Perdre**, *perdre* (2ᵉ conjugaison)*
jo treballava, *je travaillais*	**jo perdia**, *je perdais*
tu treballaves, *tu travaillais*	**tu perdies**, *tu perdais*
ell/ella/vostè treballava, *il/elle travaillait*	**ell/ella/vostè perdia**, *il/elle perdait*
nosaltres treballàvem, *nous travaillions*	**nosaltres perdíem**, *nous perdions*
vosaltres treballàveu, *vous travailliez*	**vosaltres perdíeu**, *vous perdiez*
ells/elle/vostès treballaven, *ils/elles travaillaient*	**ells/elle/vostès perdien**, *ils/elles perdaient*

Servir, *servir* (3ᵉ conjugaison)*
jo servia, *je servais*
tu servies, *tu servais*
ell/ella/vostè servia, *il/elle servait*
nosaltres servíem, *nous servions*
vosaltres servíeu, *vous serviez*
ells/elles/vostès servien, *ils/elles servaient*

* La troisième conjugaison suit les mêmes terminaisons que la deuxième.

Ésser, *être* (verbe irrégulier)*
jo era, *j'étais*
tu eres, *tu étais*
ell/ella/vostè era, *il/elle était*
nosaltres érem, *nous étions*
vosaltres éreu, *vous étiez*
ells/elles/vostès eren, *ils/elles étaient*

Fer, *faire* (verbe irrégulier)*
jo feia, *je faisais*
tu feies, *tu faisais*
ell/ella/vostè feia, *il/elle faisait*
nosaltres fèiem, *nous faisions*
vosaltres fèieu, *vous faisiez*
elles/elle/vostès feien, *ils/elles faisaient*

Fer, *faire* est un verbe irrégulier, mais qui se conjugue comme un verbe régulier à l'imparfait d'indicatif.

● EXERCICES

1. TRADUISEZ LES PHRASES SUIVANTES.

a. Aquesta primavera l'Anna treballava de caixera en el supermercat del barri. Era interessant.

....

b. Busquen algú amb experiència, em sembla que et pot interessar.

....

c. Ahir a les 8h, el Joan ja consultava anuncis de feina.

....

VOCABULAIRE

algú, *quelqu'un*
anunci (m.), *annonce*
àrea (f.), *domaine*
borsa de treball, *bourse de travail*
caixer/a, *caissier/ère*
cambrer/a, *serveur/se*
cangur, *babysitter, kangourou*
complicat, *compliqué*
consultar, *consulter*
cuiner, *cuisinier*
el canvi, *la monnaie*
el millor, *le mieux, le meilleur*
en línia, *en ligne*
estiu, *été*
estressant, *stressant*
existir, *exister*
experiència, *expérience*
fregir, *frire*
hivern, *hiver*
mentre, *tant que, pendant que, comme, quand*
ordinador, *ordinateur*
ou, *œuf*
paciència, *patience*
primavera, *printemps*
propietari/a, *propriétaire*
restauració, *restauration*
supermercat, *supermarché*
tardor (f.), *automne*
tipus, *type*
trobar, *trouver*

d. Sempre m'equivoco a l'hora de tornar el canvi.

....

e. Hi havia una feina de cap de setmana per fer de cuiner.

....

2. CONJUGUEZ LE VERBE ENTRE PARENTHÈSES À L'IMPARFAIT DE L'INDICATIF.

a. (buscar) Jo .... una feina de cangur.

b. (fer) De joves, nosaltres .... moltes coses divertides.

c. (haver-hi) Abans .... una borsa de treball.

d. (consultar) Ells dos .... els anuncies cada matí.

e. (ésser) Ahir .... tard per sortir.

3. ÉCOUTEZ L'ENREGISTREMENT ET COMPLÉTEZ LES PHRASES.

a. Mireia: Ahir mirava .... de feina i no hi ha res.

b. Abans .... una oferta de cuiner prop d'aquí. T'interessa?

c. Pol: No, gràcies. Estic buscant per fer de cangur o de ....

d. Mireia: Tens experiència en la restauració? Pots mirar pel barri, ... molts bars i restaurants.

e. Pol: Un restaurant al barri? .... n'hi havia un, però ara ja no hi és.

f. Mireia: Sí, n'hi ha un a prop de casa. Abans .... cuina francesa, ara no ho sé.
Mireia: Mentre sigui bona cuina!

4. VRAI OU FAUX ? ÉCOUTEZ LE DIALOGUE ET COCHEZ LA BONNE RÉPONSE.

a. L'Anna vol cuinar. ☐ VRAI ☐ FAUX

b. Al bar del Joan feien uns ous amb patates molt bons. ☐ VRAI ☐ FAUX

c. La cangur va a casa del Ricard i l'Anna. ☐ VRAI ☐ FAUX

d. L'Anna abans feia de cambrera. ☐ VRAI ☐ FAUX

11.
UNE TRADITION
UNA TRADICIÓ

OBJECTIFS

- COMPRENDRE L'HUMOUR ET LES TRADITIONS
- BAVARDER

NOTIONS

- LES COMPARATIFS
- L'INTERROGATIF *PER QUÈ* ET LA CONJONCTION *PERQUÈ*
- LES VERBES *PENSAR* ET *LLEGIR* À L'IMPARFAIT DE L'INDICATIF
- LE VERBE *ADONAR-SE* AU PRÉSENT DE L'INDICATIF

QUI DIT LA PLUS GROSSE BÊTISE

Tom : Hier je lisais le journal et je me disais *(je pensais)* dans ce pays des choses étranges se produisent.

Clara : Comment ça, des choses étranges ?

Tom : Les scientifiques veulent étudier pourquoi le ciel est plus bleu en Catalogne que partout ailleurs en Europe et dans le monde.

Clara : Qu'est-ce que tu dis, maintenant ? Quelle sottise !

Tom : Tu as raison. C'est étrange, n'est-ce pas ? Eh bien, je l'ai lu ! La faute à une météorite datant de deux mille ans. L'atmosphère ici est différente, incroyable !

Clara : Tu te rends compte que tu dis n'importe quoi ?

Tom : Écoute, je te le lis : « Le ciel catalan est plus bleu que celui du reste de l'Europe. Il n'y a pas autant de nuages qu'en France, et il ne fait pas aussi sombre la nuit qu'en Grande-Bretagne. Le soleil, la lune et les étoiles sont moins éloignés de l'atmosphère que ... »

Clara : Assez ! Maintenant, je comprends ! Quel fou rire ! Très drôle !

Tom : Maintenant c'est moi qui ne [te] comprends pas.

Clara : Quel jour étions-nous hier, Tom ? 28 décembre ! En Catalogne, nous célébrons le jour des Saints Innocents... Nous faisons des blagues innocentes et les médias publient de fausses informations. Et nous voyons qui dit la plus grosse ânerie !

QUI LA DIU MÉS GROSSA?

Tom: Ahir llegia el diari i pensava que en aquest país passen coses estranyes.

Clara: Què vols dir, coses estranyes?

Tom: Els científics volen estudiar per què a Catalunya el cel és més blau que a qualsevol altre lloc d'Europa i del món.

Clara: Què dius, ara? Quina ximpleria!

Tom: Tens raó. És estrany, oi? Doncs ho he llegit! La culpa es d'un meteorit de fa dos-mil anys. L'atmosfera aquí és diferent, increïble.

Clara: T'adones que estàs dient bestieses?

Tom: Mira, t'ho llegeixo : "El cel català és més blau que el de la resta d'Europa. No hi ha tants núvols com a França ni la nit és tan fosca com a Gran Bretanya. El sol, la lluna i les estrelles estan menys lluny de l'atmosfera que..."

Clara: Prou! Ara ho entenc! Quin fart de riure! Molt divertit!

Tom: Ara soc jo qui no t'entén.

Clara: Quin dia era ahir, Tom? 28 de desembre! A Catalunya celebrem el dia dels Sants Innocents... Fem bromes innocents i els mitjans de comunicació publiquen notícies falses. I aviam qui la diu més grossa!

■ COMPRENDRE LE DIALOGUE
FORMULES ET EXPRESSIONS

→ **Quina ximpleria**, *Quelle sottise*, *Quelle bêtise*.
→ **Ho he llegit**, *Je l'ai lu*.
→ **Prou!**, *Assez !* Interjection pour arrêter un discours ou une tache quelconque. Mais **prou** se traduit également par *assez* (adv.) : **És prou gran per entendre-ho**, *Il est assez grand pour le comprendre* ; comme adjectif, il se traduit par **assez de**, pour exprimer une quantité suffisante : **Tinc prou diners**, *J'ai assez d'argent*.
→ **Aviam!**, *Voyons !* Interjection qui exprime la curiosité de voir ce qui va se passer, la crainte que quelque chose de souhaité ne se produise pas, etc.
→ **Qui la diu més grossa**, *qui dit la plus grosse ânerie* ; **dir-la grossa** est une expression signifiant *dire des âneries* ou *de grosses bêtises*.

NOTE CULTURELLE

El Dia dels Sants Innocents, *Jour des Saints Innocents*, est une tradition qui se célèbre le 28 décembre, où l'on rappelle le massacre des Innocents de l'Évangile. La tradition veut que les gens se fassent des farces entre eux. Comme pour le 1er avril en France, les gens accrochent dans le dos des amis une **llufa** (petit bonhomme en papier), les médias publient de fausses informations, souvent drôles et bizarres.

◆ GRAMMAIRE
LES COMPARATIFS

Dans le dialogue, nous rencontrons quelques comparatifs : **més blau que**, *plus bleu que* ; **menys lluny que**, *moins loin que* ; **tants núvols com a França**, *autant de nuages qu'en France*.

Voici la construction des comparatifs en catalan.

• Parfois, ils sont associés à un verbe :
més que, *plus que* : **Surt més que jo**, *Il sort plus que moi*.
menys que, *moins que* : **M'adono que brilla menys que abans**, *Je remarque qu'il brille moins qu'auparavant*.
tant com, *autant que* : **Plou tant com l'any passat**, *Il pleut autant que l'année dernière*.

• Parfois, ils sont associés à un adjectif :
més … que, *plus … que* : **És més blau que el cel de París**, *C'est plus bleu que le ciel de Paris*.

menys … que, *moins … que* : **És menys agradable que l'altre lloc**, *C'est moins agréable que l'autre endroit.*
tan … com, *aussi … que* : **És tan divertit com el seu germà**, *Il est aussi drôle que son frère.*

- Parfois, ils sont associés à un nom :

més … que, *plus … que* : **Llegeixo més premsa que tu**, *Je lis plus la presse que toi.*
menys … que, *moins … que* : **Tu llegeixes menys llibres que jo**, *Tu lis moins de livres que moi.*
tant/tanta/tants/tantes … com, *autant de … que* (dans ce cas, l'adjectif s'accorde) : **Tenia tants germans com la seva mare**, *Il avait autant de frères que sa mère.*

L'INTERROGATIF *PER QUÈ* ET LA CONJONCTION *PERQUÈ*

Vous connaissez déjà l'interrogatif **què?**, *quoi ?, qu'est-ce que ?*

Dans ce dialogue nous rencontrons **per què?**, *pour quoi ?* : **Per què ho dius?** *Pour quoi tu le dis ?*

Pour répondre, nous dirons **perquè**, *parce que* : **Perquè ho he llegit**, *Parce que je l'ai lu.*

▲ CONJUGAISON
L'IMPARFAIT DE L'INDICATIF

Nous avons vu l'imparfait de l'indicatif dans le module précédent. Ici, nous rencontrons **pensar**, *penser* (**jo pensava**, *je pensais*), verbe régulier de la première conjugaison et **llegir**, *lire* (**jo llegia**, *je lisais*) que nous conjuguons comme **treballar**, *travailler*.

Pensar, *penser* (1re conjugaison)	**Llegir**, *lire* (3ème conjugaison)*
jo pensava, *je pensais*	**jo llegia**, *je lisais*
tu pensaves, *tu pensais*	**tu llegies**, *tu lisais*
ell/ella/vostè pensava, *il/elle pensait*	**ell/ella/vostè llegia**, *il/elle lisait*
nosaltres pensàvem, *nous pensions*	**nosaltres llegíem**, *nous lisions*
vosaltres pensàveu, *vous pensiez*	**vosaltres llegíeu**, *vous lisiez*
elles/elle/vostès pensaven, *ils/elles pensaient*	**ells/elles/vostès llegien**, *ils/elles lisaient*

LE VERBE *ADONAR-SE* AU PRÉSENT DE L'INDICATIF

Adonar-se, *réaliser, se rendre compte de*. Il s'agit d'un verbe intransitif pronominal. Il sera toujours accompagné d'un ou de plusieurs pronoms.

M'adono d'una cosa, *Je me rends compte d'une chose* ; **T'adones que dius bestieses?**, *Tu te rends compte que tu dis n'importe quoi ?* ; **Te n'adones?** *Tu te rends compte ?/Tu réalises ?*

Adonar-se, *réaliser* (1ʳᵉ conjugaison)
jo m'adono, *je réalise*
tu t'adones, *tu réalises*
ell/ella/vostè s'adona, *il/elle réalise*
nosaltres ens adonem, *nous réalisons*
vosaltres us adoneu, *vous réalisez*
elles/elle/vostès s'adonen, *ils/elles réalisent*

VOCABULAIRE

adonar-se, *se rendre compte de, réaliser*
atmosfera, *atmosphère*
bestiesa, *bêtise*
cel, *ciel*
científic/s, *scientifique/s*
culpa, *faute*
desembre, *décembre*
diari, *journal*
diferent, *différent*
estrany, *bizarre*
estrella, *étoile*
fals, *faux*
fosc, *obscur*
increïble, *incroyable*
llegir, *lire*
lluna, *lune*
meteorit, *météorite*
mitjans de comunicació, *médias*
món, *monde*
notícia, *information*
núvol, *nuage*
país, *pays*
pensar, *penser*
per què, *pour quoi*
perquè, *parce que, pour que*
prou, *assez*
publicar, *publier*
qualsevol, *n'importe lequel*
raó, *raison*
resta (f.), *reste*
Sants Innocents, *Saints Innocents*
ximpleria, *bêtise*
Quin fart de riure!, *Quel fou rire !*
Aviam qui la diu més grossa!, *Voyons qui dit la plus grosse ânerie !*

EXERCICES

1. TRADUISEZ LES PHRASES SUIVANTES.

a. El cel és blau i la nit és fosca.
....

b. Què voleu dir? No és culpa dels mitjans de comunicació.
....

c. Aquest any plou més que l'any passat.
....

d. Abans, la gent celebrava més coses.
....

e. Els científics pensen que l'atmosfera és diferent.
....

2. CONJUGUEZ LE VERBE ENTRE PARENTHÈSES À L'IMPARFAIT DE L'INDICATIF.

a. (adonar-se) La mare .... que el fill (ser) .... diferent.

b. (llegir) El científic .... llibres cada vespre.

c. (pensar) Nosaltres .... que els científics (tenir) .... raó.

d. (celebrar) Abans la gent .... més coses.

e. (mirar) Aquella nit la Clara .... les estrelles.

3. ÉCOUTEZ L'ENREGISTREMENT ET COMPLÉTEZ LES PHRASES.

a. Per què hi ha .... núvols ? És ....

b. N'hi ha .... que l'altra nit, però'hi ha ....

c. Tens .... , el sol .... cada dia.

d. A .... lloc del .... és igual.

e. Aquesta .... és .... brillant com l'altra.

4. VRAI OU FAUX ? ÉCOUTEZ LE DIALOGUE ET COCHEZ LA BONNE RÉPONSE.

a. La Maria diu que la lluna és més gran que el sol.   ☐ VRAI   ☐ FAUX

b. Al Pau li agrada fer broma.   ☐ VRAI   ☐ FAUX

c. La Maria vol sortir.   ☐ VRAI   ☐ FAUX

d. A la ciutat és fàcil veure el cel.   ☐ VRAI   ☐ FAUX

12.
ROUTINE QUOTIDIENNE

RUTINA QUOTIDIANA

OBJECTIFS

- LES PIÈCES DE LA MAISON
- LES ACTIVITÉS QUOTIDIENNES

NOTIONS

- LES ADVERBES ET LOCUTIONS ADVERBIALES DE TEMPS
- LES VERBES *PRENDRE* ET *CAURE* (PRÉSENT DE L'INDICATIF)
- LES VERBES PRONOMINAUX

CHAQUE MATIN, CHAQUE JOUR

Pol : Bonjour ! Comme j'ai sommeil ! Je bois *(prends)* un jus d'orange et ensuite je file sous *(passe à)* la douche.

Arlet : Je me douche toujours le soir, souvent je n'ai pas le temps le matin.

Pol : Moi, le soir je sors souvent courir et parfois, le samedi je vais à la salle de sport.

Arlet : Je pensais m'inscrire à un cours de yoga. Qu'en penses-tu, Pol ?

Pol : Bonne idée, tu dois pratiquer une activité physique, tu ne fais pas de sport.

Arlet : Tu exagères ! Quatre fois par semaine, je vais à pied au travail.

Pol : C'est à cinq minutes à pied, Arlet… D'ailleurs, aujourd'hui je vais chercher ma nièce à l'école. Je peux l'inviter à diner à la maison ?

Arlet : Bien sûr ! J'aime beaucoup ta nièce *(Ta nièce me plaît beaucoup)*. De temps en temps, nous pouvons sortir avec elle.

Pol : Très bien. Je vais *(rentre)* dans la salle de bains prendre ma douche *(me doucher)* et après je pars.

Arlet : Je me change dans la chambre et au passage je fais le lit.

Pol : Alors, je débarrasse la table et je range un peu la cuisine et la salle à manger.

Arlet : Parfait. Sais-tu où se trouve ma montre ? Je ne la trouve pas.

Pol : Je pense qu'elle est dans l'entrée, avec les clés.

Arlet : Oui, merci ! Oh, il est tard ! Je n'ai pas le temps de faire le lit. Peux-tu ranger la chambre ?

Pol : Tu fais la même chose tous les jours ! Tu te moques de moi !

14 CADA MATÍ, CADA DIA

Pol: Bon dia! Quina son tinc! Prenc un suc de taronja i després passo a la dutxa.

Arlet: Jo sempre em dutxo el vespre, al matí sovint no tinc temps.

Pol: Jo el vespre sovint surto a córrer i, de vegades, els dissabtes vaig al gimnàs.

Arlet: Jo pensava inscriure'm a classe de ioga. Què en penses, Pol?

Pol: Bona idea. Has de practicar una activitat física, no fas esport.

Arlet: Ets un exagerat! Quatre cops per setmana vaig a peu a la feina.

Pol: Això son cinc minuts a peu, Arlet… Per cert, avui vaig a buscar la meva neboda a l'escola. La puc convidar a sopar a casa?

Arlet: I tant! La teva neboda em cau molt bé. De tant en tant podem sortir amb ella.

Pol: Molt bé. Entro al lavabo a dutxar-me i després marxo.

Arlet: Jo em canvio a l'habitació i de pas faig el llit.

Pol: Aleshores jo desparo la taula i endreço una mica la cuina i el menjador.

Arlet: Perfecte. Saps on és el meu rellotge? No el trobo.

Pol: Crec que és al rebedor, amb les claus.

Arlet: Sí, gràcies! Ui, què tard! No tinc temps de fer el llit. Pots endreçar tu l'habitació?

Pol: Cada dia fas el mateix! Quina presa de pèl!

■ COMPRENDRE LE DIALOGUE
FORMULES ET EXPRESSIONS

→ **Per setmana/mes**, *par semaine/mois*. Pour exprimer la fréquence ou la distribution, nous utilisons la préposition **per**, *par* : **Em cau molt bé**, *Je l'aime beaucoup*. La traduction littérale serait « Il me tombe très bien » (**caure**, *tomber*).
→ **És una presa de pèl**, *Tu te moques de moi/nous !*

◆ GRAMMAIRE
LES ADVERBES ET LOCUTIONS ADVERBIALES DE TEMPS

Dans ce module nous rencontrons plusieurs adverbes et locutions adverbiales de temps.

• **Sempre**, *toujours* : **Sempre et lleves d'hora**, *Tu te lèves toujours de bonne heure.*
• **Sovint**, *souvent* : **Sovint ens dutxem pel matí**, *Souvent nous prenons la douche le matin.*
• **De vegades**, ou **a vegades**, *parfois* : **De vegades et prenc el pèl**, *Parfois je me moque de toi.*
• **De tant en tant** ou **de tant en quant**, *de temps en temps* : **De tant en tant endreço l'habitació**, *De temps en temps, je range ma chambre.*

▲ CONJUGAISON
LES VERBES PRENDRE ET CAURE (PRÉSENT DE L'INDICATIF)

Les verbes de la deuxième conjugaison qui finissent par **-ndre** se conjuguent comme **prendre**, *prendre*.

Prendre, *prendre*
jo prenc, *je prends*
tu prens, *tu prends*
ell/ella/vostè pren, *il/elle prend*
nosaltres prenem, *nous prenons*
vosaltres preneu, *vous prenez*
ells/elles/vostès prenen, *ils/elles prennent*

Caure, *tomber*, est un verbe irrégulier. Dans le dialogue, **caure** a le sens de *plaire*. Dans ce cas, il fonctionne comme le verbe **agradar**, *aimer*, *plaire*. Il s'accorde à la troisième personne du singulier ou du pluriel.

Caure, *tomber*	**Caure**, *plaire*
jo caic, *je tombe*	**(a mi) em cau bé, em cauen bé**, *(à moi) il me plaît, ils me plaisent*
tu caus, *tu tombes*	**(a tu) et cau bé, et cauen bé**, *(à toi) il te plaît, ils te plaisent*
ell/ella/vostè cau, *il/elle tombe*	**(a ell/a ella/a vostè) li cau bé, li cauen bé**, *(à lui/elle) il lui plaît, ils lui plaisent*
nosaltres caiem, *nous tombons*	**(a nosaltres) ens cau bé, ens cauen bé**, *(à nous) il nous plaît, ils nous plaisent*
vosaltres caieu, *vous tombez*	**(a vosaltres) us cau bé, us cauen bé**, *(à vous) il vous plaît, ils vous plaisent*
ells/elles/vostès cauen, *ils/elles tombent*	**(a ells/a elles/a vostès) els cau bé, els cauen bé**, *(à eux/elles) il leur plaît, ils leurs plaisent*

LES VERBES PRONOMINAUX

Vous le savez, les verbes pronominaux se conjuguent avec un pronom réfléchi de la même personne que le sujet. Nous les avons déjà rencontrés précédemment, voici un petit rappel avec de nouveaux exemples afin de consolider vos connaissances sur la place du pronom :

Dutxar-se, *se doucher, prendre une douche*	**Inscriure's***, *s'inscrire*
jo em dutxo, *je me douche*	**jo m'inscric**, *je m'inscris*
tu et dutxes, *tu te douches**	**tu t'inscrius**, *tu t' inscris**

ell/ella/vostè es dutxa, *il/elle se douche*	**ell/ella/vostè s'inscriu**, *il/elle s'inscrit*
nosaltres ens dutxem, *nous nous douchons**	**nosaltres ens inscrivim**, *nous nous inscrivons**
vosaltres us dutxeu, *vous vous douchez*	**vosaltres us inscriviu**, *vous vous inscrivez*
ells/elles/vostès es dutxen, *ils/elles se douchent*	**ells/elles/vostès s'inscriuen**, *ils/elles s'inscrivent*

● VOCABULAIRE

activitat física, *activité physique*
anar a peu, *aller à pied, marcher*
canviar-se, *s'échanger, se changer*
clau/s, *clé/s*
convidar, *inviter*
cop(s) (m.), *fois, coup*
córrer, *courir*
de tant en tant, *de temps en temps*
de vegades, *parfois*
desparar, *débarrasser*
endreçar, *ranger*
menjador, *salle à manger*
dutxa, *douche*
dutxar-se, *se doucher*
escola, *école*
exagerat, exagerada, *exagéré/e*
gimnàs, *salle de sport*
habitació, *chambre*
inscriure's, *s'inscrire*
ioga, *yoga*
jus, *jus*
lavabo, *salle de bains*
llit, *lit*
nebot/neboda, *neveux, nièce*
practicar, *pratiquer*
rebedor, *entrée*
rellotge, *montre*
son (f.), *sommeil*
sopar, *dîner*
sovint, *souvent*
taronja, *orange*
Quina presa de pèl!, *Quelle plaisanterie !*
Em cau molt bé, *Il/Elle me plaît beaucoup.*

NOTE CULTURELLE

Tout le monde sait qu'à Barcelone, le Barça est **més que un club**, *plus qu'un club*. Cependant, le sport en Catalogne va bien au-delà du football. L'introduction du sport moderne à la fin du XIXe siècle a été associée à un projet de modernisation de la société. Les clubs ont joué un rôle de premier plan dans la promotion du sport et ont tenté de se mettre en avant lors de la candidature de Barcelone pour les Jeux olympiques de 1924. Cependant, il faudra attendre jusqu'en 1992 pour que la capitale catalane puisse finalement accueillir les Jeux olympiques.

EXERCICES

1. TRADUISEZ LES PHRASES SUIVANTES.

a. Aquesta noia em cau molt bé, de tant en tant podem anar a fer un cafè.

....

b. Tu despares la taula i jo endreço l'habitació.

....

c. Pensava inscriure'm al gimnàs i anar sovint a córrer.

....

d. Sovint em dutxo al matí, però de vegades em dutxo al vespre.

....

e. Vaig a fer esport tres cops per setmana.

....

2. COMPLÉTEZ AVEC UN PRONOM.

a. Al Joan, l'Elena .... cau bé.
b. L'Elena .... dutxa abans de sortir de casa.
c. Aquest any .... inscric al gimnàs.
d. A nosaltres, ... cau bé la teva amiga.
e. Tu i jo .... inscrivim a ioga

3. ÉCOUTEZ L'ENREGISTREMENT ET COMPLÉTEZ LES PHRASES.

a. .... prenc un suc .... de dutxar-me.
b. No trobo el meu .... ; .... el deixo al rebedor.
c. L'Emili em .... molt bé. Pots convidar-lo més ....
d. Vaig a canviar-me i .... , ... l'habitació.

4. VRAI OU FAUX ? ÉCOUTEZ ET COCHEZ LA BONNE RÉPONSE.

a. El noi despara la taula.	☐ VRAI	☐ FAUX
b. Conviden la Clara a sopar demà.	☐ VRAI	☐ FAUX
c. El noi avui no treballa.	☐ VRAI	☐ FAUX
d. La noia avui endreça la casa.	☐ VRAI	☐ FAUX

13.

FAIRE DU SHOPPING

ANAR DE COMPRES

OBJECTIFS	NOTIONS
• FAIRE DU SHOPPING	• LES PRONOMS DÉMONSTRATIFS
• PARLER DES VÊTEMENTS	• LE VERBE *TREURE* AU PRÉSENT DE L'INDICATIF
• CONNAÎTRE LES MOYENS DE PAIEMENTS	• LE PASSÉ SIMPLE PÉRIPHRASTIQUE
• SAVOIR LES COULEURS	

AU MARCHÉ DE VÊTEMENTS D'OCCASION

Francesc : J'adore ce marché de vêtements d'occasion. Il y a de tout ! Tant de vêtements !

Jèssica : Tu aimes, ce chemisier ? Et cette robe? La robe coûte 20 euros, elle est un peu chère.

Francesc : Je ne pense pas que ce soit cher, mais cette jupe me plaît plus. Pourquoi tu ne l'essayes pas ?

Jèssica : La rouge ? Elle coûte combien? Elle est moins chère, non ? Avec le pull noir, ça peut bien aller. Et toi, tu n'as pas besoin d'un manteau ?

Francesc : Pas besoin, celui-ci je l'ai acheté il y a deux mois environ. Je ferais mieux de chercher un pantalon. Oh ! La jupe te va très bien, tu es très élégante.

Jèssica : Je la prends. Ce pull jaune là-bas me plaît aussi et ce sac.

Francesc : Tu aimes tout, toi. On paye et on y va ?

Jèssica : Oui, c'est mieux. La semaine dernière je suis déjà venue et je suis repartie avec la moitié du magasin !

Francesc : Je garde ce pantalon. Tu payes par carte ?

Jèssica : Non, en espèces. Ici, on ne peut pas payer par carte. Hier j'ai retiré de l'argent au distributeur.

Francesc : Je ne le savais pas. Je ne sais pas si j'ai assez d'argent *(sur moi)* pour payer le pantalon.

Jèssica : Ne t'inquiètes pas, je paye et tu me rembourses après.

Francesc : Merci ! Et je t'invite aussi à goûter !

15 AL MERCAT DE ROBA DE SEGONA MA

<u>Francesc</u>: M'encanta aquest mercat de segona mà. Hi ha de tot! Quanta roba!

<u>Jèssica</u>: T'agrada aquesta brusa? I aquest vestit? El vestit val 20 euros, és una mica car.

<u>Francesc</u>: A mi no em sembla car, però aquesta faldilla m'agrada més. Per què no te l'emproves?

<u>Jèssica</u>: La vermella? Quin preu té? És més barata, oi? Amb el jersei negre pot quedar bé. I tu, no necessites un abric?

<u>Francesc</u>: No cal, aquest el vaig comprar fa un parell de mesos. Millor busco uns pantalons. Oh! La faldilla et queda molt bé, vas molt elegant.

<u>Jèssica</u>: Me la quedo. Aquell jersei groc d'allà també m'agrada, i aquesta bossa.

<u>Francesc</u>: T'agrada tot, a tu. Paguem i marxem?

<u>Jèssica</u>: Sí, millor. La setmana passada ja vaig venir i vaig marxar amb mitja botiga !

<u>Francesc</u>: Jo em quedo aquests pantalons. Pagues amb targeta?

<u>Jèssica</u>: No, en efectiu. Aquí no es pot pagar amb targeta. Ahir vaig treure diners al caixer.

<u>Francesc</u>: No ho sabia. No sé si porto prou diners per pagar els pantalons.

<u>Jèssica</u>: No t'amoïnis, pago jo i ja m'ho tornes després.

<u>Francesc</u>: Gràcies! I també et convido a berenar!

■ COMPRENDRE LE DIALOGUE
FORMULES ET EXPRESSIONS

- → Pour signaler qu'un produit est d'occasion, en catalan on dira **segona mà**, *seconde main* : **El cotxe és nou o de segona mà?**, *La voiture est neuve ou d'occasion ?*
- → **Emprovar-se**, *essayer* (un vêtement). Le verbe **provar-se**, *essayer* est également employé.
- → **Uns pantalons**, *des pantalons*. Le mot existe également au singulier, **pantaló**, *pantalon*, mais il est presque toujours utilisé au pluriel.
- → **Un parell de mesos**, *environ deux mois*.
- → **Pagar amb targeta**, *régler (payer) par carte* ; **pagar en efectiu**, *régler en espèces*.
- → **Treure diners**, *retirer de l'argent*. **Treure** est un verbe avec plusieurs traductions, notamment *retirer*, *enlever* et *sortir* : **Trec diners del banc**, *Je retire de l'argent de la banque* ; **Ella treu els peus de la taula**, *Elle enlève les pieds de la table* ; **Trec el gos a passejar** ; *Je sors promener le chien*.
- → **Tornar**, *rendre* est un verbe que nous connaissons déjà pour indiquer *revenir* ou *rentrer*. Ici, il a le sens de *rendre*. **Torno els diners**, *Je rends l'argent* ; **Torno a la botiga**, *Je retourne au magasin* ; **Torno a casa**, *Je rentre à la maison*.

◆ GRAMMAIRE
LES PRONOMS DÉMONSTRATIFS

Nous connaissons déjà les démonstratifs **aquest**, *ce* / **aquesta**, *cette* / **aquests**, *ces* ; **aquestes**, *ces* qui se rapportent à quelque chose de proche. Pour les personnes ou les choses éloignées du locuteur, dans le temps ou dans l'espace, nous trouverons **aquell**, *ce* / **aquella**, *celle* / **aquells**, *ces* (m.) ; **aquelles**, *ces* (f.).

aquell abric	ce manteau
aquella faldilla	cette jupe
aquells jerseis	ces pulls
aquelles bruses	ces chemisiers

Nous dirons, donc : **Aquest jersei és molt maco, i aquell d'allà també**, *Ce pull est très beau, et celui là-bas aussi.*

▲ CONJUGAISON
LE VERBE *TREURE* AU PRÉSENT DE L'INDICATIF

Treure, *retirer*, *enlever*, *sortir* est un verbe irrégulier.

jo trec	*je retire/enlève*
tu treus	*tu retires/enlèves*
ell/ella/vostè treu	*il/elle retire/enlève*
nosaltres treiem	*nous retirons/enlevons*
vosaltres treieu	*vous retirez/enlevez*
ells/elles/vostès treuen	*ils/elles retirent/enlèvent*

LE PASSÉ SIMPLE PÉRIPHRASTIQUE

En catalan, l'emploi du passé simple est systématique dès que l'action passée se déroule dans un espace-temps fini. Le passé simple périphrastique est formé par le verbe **anar**, *aller* au présent de l'indicatif suivi de l'infinitif du verbe concerné.

Dans le dialogue, nous avons vu le passé périphrastique pour un verbe de la première conjugaison (**comprar**, *acheter*), de la deuxième (**treure**, *retirer*) et de la troisième (**venir**, *venir*).

jo vaig comprar/treure/venir	*j'ai acheté/retiré/venu (suis venu/e)*
tu vas comprar/treure/venir	*tu as acheté/retiré/venu (es venu/e)*
ell/ella/vostè va comprar/treure/venir	*il/elle/on a acheté/retiré/venu (est venu/e)*
nosaltres vam comprar/treure/venir	*nous avons acheté/retiré/venu (sommes venue/s)*
vosaltres vau comprar/treure/venir	*vous avez acheté/retiré/venu (êtes venue/s)*
ells/elles/vostès van comprar/treure/venir	*ils/elles ont acheté/retiré/venu (sont venue/s)*

● EXERCICES

1. TRADUISEZ CES PHRASES.

a. Al Josep li encanta aquest mercat. Hi ha molta roba.

....

b. També m'agrada la roba de segona mà. M'emprovo aquests pantalons.

....

c. Ens quedem la faldilla i el jersei. Quin preu tenen?

....

d. L'abric val deu euros. Pago i marxo.

....

e. Millor busco roba més barata, aquesta és molt cara.

....

2. CONJUGUEZ LES VERBES ENTRE PARENTHÈSES AU PASSÉ SIMPLE PÉRIPHRASTIQUE.

a. Ahir nosaltres .... (pagar) vint-i-cinc euros per una brusa.

b. L'any passat l'Elena .... (necessitar) comprar molta roba per a la seva nova feina.

c. Per què (tu) no .... (parlar) amb ningú abans de fer-ho?

d. Jo .... (comprar) molta roba.

3. ÉCOUTEZ L'ENREGISTREMENT ET COMPLÉTEZ LES PHRASES.

a. Quin preu tenen aquests .... ? El de color .... m'encanta.

b. .... val quinze euros, i .... d'allà divuit.

c. No son cars, ... aquest. Aquell és més .... però no m'agrada.

d. Paguem amb .... , oi? Jo no porto prou diners per pagar en ....

VOCABULAIRE

abric, *manteau*
amoïnar-se, *s'inquiéter*
barat/a, *économique, pas cher/chère*
jersei, *pull*
berenar, *goûter*
brusa, *blouse*
caixer, *distributeur*
car/a, *cher/chère*
efectiu, *effectif*
emprovar-se, *essayer*
faldilla, *jupe*
mà/mans, *main/s*
mercat, *marché*
pagar, *payer*

pantaló/pantalons, *pantalon/s*
targeta, *carte*
tornar, *rendre*
treure, *retirer*
valer, *coûter, valoir*
vermell/a, *rouge*
vestit, *robe*
Segona mà, *de seconde main, d'occasion*

NOTE CULTURELLE

Lors de votre expérience shopping en Catalogne, vous serez surpris par la diversité des lieux que vous pourrez explorer : des grandes avenues animées aux charmantes ruelles pittoresques. Vous aurez l'occasion de découvrir un éventail impressionnant de marques de renommée internationale dans les boutiques haut de gamme, ainsi que des trésors cachés dans les magasins de seconde main, sans oublier les enseignes locales. À Barcelone, vous pourrez flâner dans l'emblématique marché aux puces **Les Encants**. Il offre une multitude de trésors, allant des produits d'occasion aux antiquités. Pour vous y rendre, il vous suffit de prendre le métro et de descendre à Glòries (ligne 1) ou Monumental (ligne 2), où vous serez plongés dans l'effervescence de ce marché original.

4. VRAI OU FAUX ? ÉCOUTEZ LE DIALOGUE ET COCHEZ LA BONNE RÉPONSE.

a. A ella no li agrada la roba de segona mà. ☐ VRAI ☐ FAUX

b. El noi necessita comprar-se uns pantalons. ☐ VRAI ☐ FAUX

c. En aquesta botiga només es pot pagar en efectiu. ☐ VRAI ☐ FAUX

e. Als dos els agrada la brusa. ☐ VRAI ☐ FAUX

14.
SE SENTIR MALADE
TROBAR-SE MALAMENT

OBJECTIFS

- EXPRIMER LA FATIGUE ET DES SYMPTÔMES
- EXPRIMER DES GOÛTS ET DES PRÉFÉRENCES
- ORGANISER LA JOURNÉE

NOTIONS

- LES ADJECTIFS ET ADVERBES *MILLOR, PITJOR*
- LES PRONOMS PERSONNELS FAIBLES
- LE VERBE *SEURE* AU PRÉSENT DE L'INDICATIF

L'ART GUÉRIT TOUT

Pol : Les plages de la Costa Brava sont magnifiques. Quelle eau claire ! Et quel sable fin … Mais je suis épuisé !

Teresa : Moi aussi j'ai besoin de me reposer un peu. On s'assoit ici un moment ?

Pol : J'ai mal aux pieds à force de marcher, même si je passe un bon moment.

Teresa : Moi aussi. J'adore cette plage entourée de montagnes. Une merveille ! Cet après-midi, nous pouvons partir en excursion.

Pol : Hoo ! Impossible ! Je suis crevé, et tout mon corps me fait mal.

Teresa : Tu ne te sens pas bien ? Où as-tu mal ? Tu as peut être de la fièvre ! Es-tu malade ?

Pol : Je ne pense pas. C'est juste de la fatigue : douleur aux pieds, au dos, et maux de tête. Assis ici, je suis très bien.

Teresa : Bon, cet après-midi, on se repose et ce soir on va à Cadaqués.

Pol : D'accord. Cela fait longtemps que je ne suis pas allé à Cadaqués. Mais je préfère rentrer tôt à l'hôtel.

Teresa : Ça me va ! Si tu te sens mieux demain, nous pouvons visiter le musée Dalí. C'est l'un de mes artistes préférés.

Pol : J'espère ne pas me sentir plus mal. Moi aussi j'aime Dalí même si je préfère Joan Miró.

Teresa : Je les aime tous les deux. Une artiste catalane que j'aime aussi beaucoup est Lluïsa Vidal, mais elle est moderniste.

Pol : C'est décidé, demain on va au musée ! Et si j'ai encore mal à la tête, je suis sûr qu'en voyant l'œuvre de Dalí, j'oublierai tout.

L'ART HO CURA TOT

Pol: Les platges de la Costa Brava son precioses. Quina aigua més clara! I quina sorra més fina! … Però estic esgotat!

Teresa: Jo també necessito descansar una mica. Seiem aquí una estona?

Pol: Em fan mal els peus de tan caminar, tot i que m'ho estic passant molt bé.

Teresa: Jo també. M'encanta aquesta platja, envoltada de muntanyes. Una meravella! Aquesta tarda podem fer una excursió.

Pol: Ui, impossible! Estic baldat, em fa mal tot el cos.

Teresa: No et trobes bé? Què et fa mal? Potser tens febre! Estàs malalt?

Pol: No ho crec. Només és cansament: mal de peus, d'esquena i mal de cap. Assegut aquí estic molt bé.

Teresa: Doncs aquesta tarda descansem i al vespre anem a Cadaqués.

Pol: Em sembla bé. Fa molt de temps que no vaig a Cadaqués. Però prefereixo tornar d'hora a l'hotel.

Teresa: Em sembla bé. Si demà et trobes millor, podem visitar el Museu Dalí. És un dels meus artistes preferits.

Pol: Espero no trobar-me pitjor. A mi també m'agrada Dalí, tot i que prefereixo Joan Miró.

Teresa: A mi m'agraden tots dos. Una artista catalana que també m'agrada molt és Lluïsa Vidal, però ella és modernista.

Pol: Decidit, demà anem al museu! I si encara tinc mal de cap, segur que veient l'obra de Dalí m'oblido de tot!

■ COMPRENDRE LE DIALOGUE
FORMULES ET EXPRESSIONS

→ **Passar-s'ho bé**, *s'amuser, passer un bon moment*. Nous dirons donc : **Amb tu, m'ho passo molt bé**, *Avec toi, je m'amuse beaucoup* ; **Ens ho passem molt bé jugant al futbol**, *On s'amuse bien en jouant au foot* ; **T'ho passes bé?**, *Tu t'amuses ?*

→ **Trobar-se bé/malament**, *se sentir bien/mal* : **Avui em trobo bé**, *Aujourd'hui, je me sens bien*. Sans le pronom, **trobar**, *trouver* : **No trobo l'hotel**, *Je ne trouve pas l'hôtel*.

NOTE CULTURELLE

Lluïsa Vidal (1876-1918) fait partie de la jeune génération d'artistes modernistes catalans. Elle était peintre, dessinatrice et illustratrice, elle fut l'une des rares peintres de l'époque à s'installer à Paris. Elle est aussi la seule femme de son temps à se consacrer professionnellement à la peinture.

Joan Miró (1893-1983) est l'un des « Catalans universels », peintre avant-gardiste, surréaliste. Ses œuvres souhaitent la bienvenue aux visiteurs qui arrivent à Barcelone par la mer avec la mosaïque sur le pavé des Ramblas et à l'aéroport de Barcelone avec la fresque et la sculpture *Femme et oiseau*. Les visiteurs de Barcelone ne peuvent pas manquer la **Fundació Joan Miró**.

Salvador Dalí (1904-1989) est l'un des artistes catalans les plus célèbres, inventeur de la méthode de création connue comme « paranoïa-critique ». C'est également lui qui a prononcé la célèbre phrase « Le surréalisme, c'est moi ! ». Aujourd'hui, un musée porte son nom dans la ville de Figueres.

◆ GRAMMAIRE
LES ADJECTIFS ET ADVERBES MILLOR ET PITJOR

Nous avons rencontré **millor**, *meilleur*, *mieux* à plusieurs reprises tout au long de nos modules. Le mot agit comme un adjectif : **Joan Miró és millor que Salvador Dalí, o no**, *Joan Miró est meilleur que Salvador Dalí, ou pas*.

Il peut également fonctionner comme un adverbe : **És millor no comparar, els dos són grans artistes**, *Il vaut mieux ne pas comparer, les deux sont de grands artistes*.

Enfin, nous avons l'exclamation **Millor!** *C'est mieux !*

Pitjor, *pire* peut également servir d'adjectif et d'adverbe : **És el pitjor pintor que conec**, *C'est le pire peintre que je connaisse* ; **Avui em trobo pitjor que ahir**, *Aujourd'hui je me sens plus mal (pire) qu'hier*.

LES PRONOMS PERSONNELS « FAIBLES »

Nous les avons déjà rencontré auparavant, mais dans le dialogue nous remarquons plusieurs pronoms : **ho**, *le* ; **em/m'**, *me/m'* ; **et**, *te* ; **el**, *le*…

Voici un petit récapitulatif des pronoms personnels dits faibles.

M'ho estic passant molt bé, *Je m'amuse* (litt. « me le passe très bien ») ; **No ho crec**, *Je ne pense pas* (litt. « je ne le crois pas »).

No et trobes bé?, *Tu ne te sens pas bien ?*

Què et fa mal?, *Qu'est-ce qui te fait mal ?*

Una artista que m'agrada, *Une artiste qui me plaît.*

Pour rappel :

Trobar-se bé, *se sentir bien*	**Fer mal**, *faire mal* ; **Agradar**, *plaire*
em trobo bé, *je me sens bien*	**em fa mal i no m'agrada**, *cela me fait mal et je n'aime pas*
et trobes bé, *tu te sens bien*	**et fa mal i no t'agrada**, *cela te fait mal et tu n'aimes pas*
es troba bé, *il se sent bien*	**li fa mal i no li agrada**, *cela lui fait mal et il n'aime pas*
ens trobem bé, *nous nous sentons bien*	**ens fa mal i no ens agrada**, *cela nous fait mal et nous n'aimons pas*
us trobeu bé, *vous vous sentez bien*	**us fa mal i no us agrada**, *cela vous fait mal et vous n'aimez pas*
es troben bé, *ils se trouvent bien*	**Els fa mal i no els agrada**, *cela leur fait mal et ils n'aiment pas*

▲ CONJUGAISON
LE VERBE *SEURE* AU PRÉSENT DE L'INDICATIF

Seure, *s'asseoir* est un verbe irrégulier de la deuxième conjugaison. Rappelons que la plupart des verbes de la seconde conjugaison présentent quelque forme d'irrégularité.

Seure, *s'asseoir*	
jo sec	*Je m'assois*
tu seus	*Tu t'assois*
ell/ella/vostè seu	*Il s'assoit*
nosaltres seiem	*Nous nous assoyons*
vosaltres seieu	*Vous vous assoyez*
ells/elles/vostès seuen	*Ils s'assoient*

VOCABULAIRE

asseure's, *seure, s'asseoir*
baldat/baldada, *crevé/e*
cap (m.), *tête*
caminar, *marcher*
clar/a, *clair/e*
cos, *corps*
envoltat/envoltada, *entouré/e*
esgotat/esgotada, *épuisé/e*
excursió, *excursion*
febre, *fièvre*
fi/fina, *fin/e*
impossible, *impossible*
mal, *mal*
muntanya/muntanyes, *montagne/s*
peu/s, *pied/s*
pitjor, *pire*
platja/platges, *plage/s*
preciós/preciosa, *précieux,*
 précieuse
sorra (f.), *sable*
passar-s'ho bé, *s'amuser*
tot i que, *bien que*
trobar-se bé/malament, *se sentir*
 bien/mal

● EXERCICES

1. TRADUISEZ LES PHRASES SUIVANTES.

a. Estic esgotada, necessito descansar una mica.

....

b. M'agrada molt aquesta artista.

....

c. Em fa mal tot, pot ser tinc febre.

....

d. Demà descansem, avui podem anar al museu.

....

e. Espero no trobar-me pitjor, vull anar a la platja.

....

2. COMPLÉTEZ AVEC LE PRONOM ADAPTÉ.

a. El Joan .... troba bé, ja no .... fa mal el peu.

b. A nosaltres .... agrada passejar, ... ho passem molt bé.

c. A mi .... agraden els artistes modernistes, ... ho estic passant molt bé al museu.

d. Què .... fa mal, a tu? Si no .... trobes bé, podem descansar.

e. A nosaltres .... agraden els museus, i a vosaltres .... agrada fer excursions.

🔊 3. ÉCOUTEZ L'ENREGISTREMENT ET COMPLÉTEZ CES PHRASES AVEC LES MOTS MANQUANTS.
16

a. Et .... bé? Vols fer una excursió o .... descansar?

b. Necessito seure una .... aquí.

c. M'agrada fer .... però em fan mal els ....

d. A la Mireia li .... la Lluïsa Vidal. És la seva .... preferida.

🔊 4. VRAI OU FAUX ? ÉCOUTEZ LE DIALOGUE ET COCHEZ LA BONNE RÉPONSE.
16

a. L'Esther prefereix la muntanya a la platja.   ☐ VRAI   ☐ FAUX
b. L'Esther vol seure una estona.   ☐ VRAI   ☐ FAUX
c. El Santi vol anar avui a Cadaqués.   ☐ VRAI   ☐ FAUX
d. Avui, el Santi i l'Esther es queden a la platja.   ☐ VRAI   ☐ FAUX

15.

AU RESTAURANT

EN EL RESTAURANT

OBJECTIFS	NOTIONS
• COMMANDER AU RESTAURANT	• LE SUPERLATIF
• PARLER DE LA CUISINE CATALANE	• LE FUTUR

CUISINE CATALANE

<u>Serveur</u> : Bonjour, c'est pour déjeuner ? Une personne ? Voici la carte.

<u>Estrella</u> : Merci, ce n'est pas nécessaire. Je prendrai le menu.

<u>Serveur</u> : Très bien. Je vous amène à boire ? Nous avons un bon vin rouge.

<u>Estrella</u> : Du vinaigre ? Non merci ! Je préfère *(Mieux)* de l'eau plate, s'il vous plaît, avec une rondelle de citron.

<u>Serveur</u> : Du vin rouge, pas du vinaigre ! Que désirez-vous, en entrée ? Il ne nous reste que de la salade catalane et une portion d'oignons **calçots**.

<u>Estrella</u> : Il n'y a pas d'**escalivada** ? Dommage ! Alors je vais prendre les calçots.

<u>Serveur</u> : Et en plat principal ? Je vous recommande la **botifarra amb mongetes** ou le **trinxat**.

<u>Estrella</u> : Désolée, je suis végétarienne, je ne mange pas de viande ! Je vais prendre du riz avec la **samfaina**.

<u>Serveur</u> : C'est très bon aussi. Et pour le dessert ? Nous avons des fruits, de la crème catalane, du yaourt, du flan, du gâteau au chocolat, de la glace…

<u>Estrella</u> : Il n'y a pas **mel i mató** ? J'en avais bien envie.

<u>Serveur</u> : Si, absolument ! En plus, c'est fait maison ! Je vous le servirai avec des fruits secs, c'est délicieux !

<u>Estrella</u> : Donc, nous avons tout. J'ai tellement faim ! Depuis hier, je n'ai rien mangé!

<u>Serveur</u> : Alors je vais vous apporter un peu de *pa amb tomàquet* et des olives, en attendant. C'est offert par la maison !

<u>Estrella</u> : Merci ! Demain je mangerai léger, mais aujourd'hui je suis affamée !

CUINA CATALANA

Cambrer: Bon dia, és per dinar? Una persona? Li porto la carta.

Estrella: No cal, gràcies. Faré el menú.

Cambrer: Molt bé. Li porto la beguda? Tenim un vi negre molt bo.

Estrella: Vinagre? No, gràcies! Millor una aigua sense gas, si us plau, amb una rodanxa de llimona.

Cambrer: Vi negre, no vinagre! Què vol de primer? Només ens queda amanida catalana i una ració de calçots.

Estrella: No hi ha escalivada? Llàstima! Aleshores prendré els calçots.

Cambrer: I de segon? Li recomano la botifarra amb mongetes o el trinxat.

Estrella: Ho sento, soc vegetariana, no menjo carn! Prendré l'arròs amb samfaina.

Cambrer: També està molt bo. I de postres? Tenim fruita, crema catalana, iogurt, flam de nata, pastís de xocolata, gelat...

Estrella: No hi ha mel i mató? Em venia molt de gust.

Cambrer: Sí, i tant! A més a més és casolà! Li serviré amb uns fruits secs, boníssim!

Estrella: Doncs ja ho tenim. Quina gana que tinc! Des d'ahir que no menjo res!

Cambrer: Aleshores li portaré una mica de pa amb tomàquet i unes olives mentre espera. Convida la casa!

Estrella: Gràcies! Demà menjaré lleuger, però avui estic afamada!

■ COMPRENDRE LE DIALOGUE
FORMULES ET EXPRESSIONS

→ **Vi negre, no vinagre!**, *Du vin rouge, pas du vinaigre !* Il s'agit d'un jeu de mots car phonétiquement la ressemblance est évidente. Pour le vin, en plus du **vi negre**, *vin rouge*, il y a le **vi blanc**, *vin blanc* et le **vi rosat**, *vin rosé*.

→ **Primer**, **segon**, **postres**, correspondent à *l'entrée*, au *plat* et au *dessert*. Attention, en catalan le mot **postres**, *dessert* est féminin et pluriel. **Quines postres més bones!**, *Quel bon dessert !*

NOTE CULTURELLE

Vous aurez remarqué la variété des plats catalans cités dans le dialogue : **amanida catalana**, *salade catalane*, pas très légère, avec de nombreux ingrédients ; **escalivada**, recette à base d'aubergines et de poivrons rouges rôtis ; **calçots**, *petits oignons tendres* que l'on cuit à la braise et qui s'accompagnent d'une sauce appelée **romesco** ; **botifarra amb mongetes**, un type de saucisse que l'on mange avec des haricots blancs ; **trinxat**, mélange de ventrèche, de chou et de pomme de terre ; **samfaina**, une ratatouille à la catalane ; **crema catalana**, *crème catalane* ; **mel i mató**, du miel avec un fromage frais… Sans oublier l'indispensable **pa amb tomàquet**, *pain avec de la tomate*, des tranches de pain frottées avec de la tomate et assaisonnées avec de l'huile d'olive, une délice ! Très important : les sandwichs dans les Pays Catalans se font avec du **pa amb tomàquet**, oubliez le beurre ! La cuisine catalane est très riche et très variée. D'autres plats à citer : originaires de la région de Valence vous connaissez déjà sans doute la **paella**, *paëlla* et la **fideuà**, qui ressemble à la paëlla mais faîte avec des vermicelles. La liste de plats serait longue, n'hésitez à faire un voyage gastronomique à travers le territoire !

◆ GRAMMAIRE
LE SUPERLATIF

Dans le dialogue, nous avons rencontré **boníssim**, *très bon*, *excellent*.

Le superlatif se forme généralement en ajoutant le suffixe **-íssim**, **-íssima** au radical de l'adjectif. Pour le pluriel : **-íssims**, **-íssimes**.

Voici quelques exemples :
Aquest noi és divertíssim, *Ce garçon est très drôle.*
Hi ha moltíssima gent, *Il y a beaucoup de monde.*
Aquests jocs son perillossíssims, *Ces jeux sont très dangereux.*
Les pomes estan caríssimes, *Les pommes sont très chères.*

Avec **bo**, *bon*, nous rencontrons une petite irrégularité, nous intercalons un -**n**- entre le radical et le suffixe :
Aquest plat el trobo boníssim, *Je trouve ce plat délicieux [très bon].*
Aquesta història és boníssima, *Cette histoire est géniale [très bonne].*

Pour le pluriel : **-íssims, -íssimes** : **Aquests calçots semblen boníssims**, *Ces calçots semblent délicieux [très bons].* **Estic segura que les postres estaran boníssimes**, *Je suis sûre que les desserts seront délicieux.*

Comme avec **bo**, *bon*, voici d'autres irrégularités :
Gran, *grand* : **grandíssim / grandíssima / grandíssims / grandíssimes**.
Jove, *jeune* : **joveníssim / joveníssima / joveníssims / joveníssimes**.
Divertit, *amusant* : **divertidíssim / divertidíssima / divertidíssims / divertidíssimes**.

Nous pouvons également utiliser ces terminaisons avec des adverbes de quantité **molt**, *beaucoup* et **poc**, *peu*, et avec les adverbes de temps **tard**, *tard* et **aviat**, *tôt*.
Molt, *beaucoup* : **moltíssim / moltíssima / moltíssims / moltíssimes**.
Poc, *peu* : **poquíssim / poquíssima / poquíssims / poquíssimes**.

▲ CONJUGAISON
LE FUTUR

Dans le dialogue nous avons rencontré : **menjaré**, *je mangerai* ; **prendré**, *je prendrai* ; **serviré**, *je servirai* ; **faré**, *je ferai*. En catalan, le futur est formé de l'infinitif du verbe + la terminaison abrégée du présent de l'indicatif du verbe **haver**, *avoir* (**-é, -às, -à, -em, -eu, -an**), pour les trois conjugaisons :

Menjar, *manger* (1re conjugaison)	**Prendre**, *prendre* (2e conjugaison)	**Servir**, *servir* (3e conjugaison)*
jo menjaré, *je mangerai*	**jo prendré**, *je prendrai*	**jo serviré**, *je servirai*
tu menjaràs, *tu mangeras*	**tu prendràs**, *tu prendras*	**tu serviràs**, *tu serviras*
ell/ella/vostè menjarà, *il/elle mangera*	**ell/ella/vostè prendrà**, *il/elle prendra*	**ell/ella/vostè servirà**, *il/elle servira*
nosaltres menjarem, *nous mangerons*	**nosaltres prendrem**, *nous prendrons*	**nosaltres servirem**, *nous servirons*
vosaltres menjareu, *vous mangerez*	**vosaltres prendreu**, *vous prendrez*	**vosaltres servireu**, *vous servirez*
ells/elles/vostès menjaran, *ils/elles mangeront*	**ells/elles/vostès prendran**, *ils/elles prendront*	**ells/elles/vostès serviran**, *ils/elles serviront*

Certains futurs sont irréguliers et, dans ces cas, le radical du verbe change, mais la terminaison reste la même. Dans notre dialogue, nous rencontrons le verbe **fer**, *faire*.

Fer, *faire*
jo faré, *je ferai*
tu faràs, *tu feras*
ell/ella/vostè farà, *il/elle fera*
nosaltres farem, *nous ferons*
vosaltres fareu, *vous ferez*
ells/elle/vostès faran, *ils/elles feront*

● EXERCICES

1. TRADUISEZ LES PHRASES SUIVANTES.

a. Volem una aigua amb gas i un got de vi blanc.
....

b. Els recomanem les postres casolanes, son boníssimes.
....

c. Ara els porto la carta i una mica de pa amb tomàquet.
....

d. Faré el menú vegetarià i prendré arròs amb amanida.
....

e. Estic afamat, necessito menjar alguna cosa.
....

2. COMPLÉTEZ AVEC LE SUPERLATIF.

a. (bo) La paella estava ....

b. (tard) És .... , així que haurem de marxar.

c. (car) Aquestes pomes son ....

d. (jove) El nou cambrer és .... i treballa molt bé.

e. (molt) Ens agrada .... la cuina catalana.

f. (difícil) L'exercici no és difícil, és ....

VOCABULAIRE

afamat/da, *affamé/e*
aigua amb gas/aigua sense gas, *de l'eau gazeuse/de l'eau plate*
amanida, *salade*
samfaina, *ratatouille*
botifarra, *saucisse*
calçots, *jeune pousse d'oignon*
carn, *viande*
carta, *carte*
casolà, *fait maison*
de primer, *en entrée*
escalivada, *salade de poivrons, aubergines, tomates, pommes de terre et oignons grillés.*
flam, *flan*
nata, *crème, crème chantilly*
fruit sec, *fruit sec*
gelat (m.), *glace*
iogurt, *yaourt*
lleuger, *léger*
llimona (f.), *citron*
mel (f.), *miel*
mató, *fromage blanc frais*
menú, *menu*
olives, *olives*
pastís, *gâteau*
postres (f. pl.), *dessert*
ració, *ration, portion*
recomanar, *recommander*
rodanxa, *rondelle*
trinxat, *hachis de légumes*
vegetarià/na, *végétarien/ne*
vi negre/rosat/blanc, *vin rouge/rosé/blanc*
vinagre, *vinaigre*

3. ÉCOUTEZ L'ENREGISTREMENT ET COMPLÉTEZ LES PHRASES.

a. Us .... un vi rosat de la casa, però potser preferiu alguna altra cosa.
b. Només queda una ració de .... i una altra d'arròs amb samfaina.
c. Ets .... ? No ho sabia. Tenim molts plats sense carn.
d. De postres tenim crema catalana, flam i pastís de nata. Tot és ....
e. Estic .... , des de fa una hora que no menjo res.

4. VRAI OU FAUX ? ÉCOUTEZ LE DIALOGUE ET COCHEZ LA BONNE RÉPONSE.

a. El client demana la carta perquè té molta gana. ☐ VRAI ☐ FAUX
b. La cambrera proposa al client els calçots amb l'escalivada. ☐ VRAI ☐ FAUX
c. El client menjarà l'amanida i la samfaina. ☐ VRAI ☐ FAUX
d. Per postres, el client vol una crema catalana. ☐ VRAI ☐ FAUX

III

EN

VILLE

16.
ORGANISER LES VACANCES
ORGANITZAR LES VACANCES

OBJECTIFS	NOTIONS
• FIXER UNE DATE • PARLER DES VACANCES • CHOISIR UNE DESTINATION	• LA PRÉPOSITION *A* • LE VERBE *SORTIR* AU PRÉSENT DE L'INDICATIF • LES VERBES *ANAR* ET *HAVER-HI* AU FUTUR

L'ÉTÉ EN VILLE

Miquel : Que vas-tu faire cet été ? Vas-tu rendre visite à tes parents ?

Sara : Je ne crois pas. J'ai des vacances du 28 juillet au 19 août. J'ai envie de rester à la maison.

Miquel : Tu le dis sérieusement ? Tu ne veux pas partir quelques jours ? Tu n'as rien fait en avril.

Sara : En été, à Barcelone j'ai la plage et la montagne, et beaucoup d'activités de plein air sont organisées.

Miquel : Je partirai pour quelques semaines. Je n'ai pas quitté la ville depuis décembre.

Sara : En plus de la **Festa Major de Gràcia** et des **Festes de Sant Roc**, il y a un cinéma en plein air. J'ai envie de lire, de sortir, d'aller au théâtre…

Miquel : Je pense qu'en août il y aura beaucoup de touristes. Bien qu'ici, il y a des touristes toute l'année !

Sara : Ils ne me dérangent pas, j'y suis habituée. D'ailleurs, il y a aussi des festivals de musique dans les parcs et je ne veux pas les manquer. Ils sont gratuits.

Miquel : Quelles vacances ! L'Archive Photographique inaugure également deux magnifiques expositions.

Sara : Tu vois ? Des vacances à Barcelone me feront du bien.

Miquel : Eh bien oui. En fait, en y réfléchissant *(je suis en train de penser)*, je pense que je pourrais rester ici aussi !

Sara : Pas question ! Tu pars, je veux l'appartement pour moi toute seule !

L'ESTIU A LA CIUTAT

Miquel: Què faràs aquest estiu? Aniràs a visitar els teus pares?

Sara: No ho crec. Tinc vacances del 28 de juliol al 19 d'agost. Em ve de gust quedar-me a casa.

Miquel: Ho dius de debò? No vols marxar uns dies fora? A l'abril no vas fer res.

Sara: A l'estiu a Barcelona tinc la platja i la muntanya, i s'organitzen un munt d'activitats a l'aire lliure.

Miquel: Jo me n'aniré un parell de setmanes. No surto de la ciutat des de desembre.

Sara: A més de la Festa Major de Gràcia i de les Festes de Sant Roc, hi ha cinema a l'aire lliure. Em ve de gust llegir, sortir, anar al teatre...

Miquel: Trobo que a l'agost hi haurà molts turistes. Tot i que aquí hi ha turistes tot l'any!

Sara: A mi no em fan nosa, estic acostumada. Per cert, que també hi ha festivals de música als parcs i no me'ls vull perdre. Són gratuïts.

Miquel: Quines vacances! A l'Arxiu fotogràfic també inauguren dues exposicions magnífiques.

Sara: Veus? Unes vacances a Barcelona m'aniran molt bé.

Miquel: Doncs sí. De fet, estic pensant que jo també em puc quedar aquí!

Sara: Ni parlar-ne! Tu marxa, que jo vull el pis per a mi sola!

■ COMPRENDRE LE DIALOGUE
FORMULES ET EXPRESSIONS

→ **Del 25 de juliol al 19 d'agost**, *du 25 juillet au 19 août*. Pour dire une date au complet, on dira : **l'11 de setembre de 1714**, *le 11 septembre 1714.*

Voici les mois de l'année :

Els mesos de l'any	Les mois de l'année
gener	*janvier*
febrer	*février*
mars	*mars*
abril	*avril*
maig	*mai*
juny	*juin*
juliol	*juillet*
agost	*août*
setembre	*septembre*
octubre	*octobre*
novembre	*novembre*
desembre	*décembre*

→ **Fer nosa**, *déranger*. **Els turistes no em fan nosa**, *Les touristes ne me dérangent pas.*
→ **De debò**, *réellement, vraiment*. Nous pouvons aussi dire **de veritat**, *réellement, vraiment.*

NOTE CULTURELLE

Parmi les fêtes populaires, la **Festa Major de Gràcia** est l'une des fêtes les plus célèbres de Barcelone. Elle a lieu en août. Les rues du quartier sont richement décorées et les concerts, spectacles de rue, concours, etc. sont nombreux. La fête culmine avec le « **correfoc** », où **les colles de diables** (groupes déguisés en diables) courent et dansent avec des feux d'artifice dans la foule. Fin août, il y a la **Festa Major de Sants**, similaire à la **Festa Major de Gràcia**. En septembre, c'est le tour de la **Festa Major de la Barceloneta** mais, surtout, des **Festes de la Mercè**, pour célébrer la **Mercè**, *Notre-Dame de la Merci*, patronne de Barcelone.

◆ GRAMMAIRE
LA PRÉPOSTION A

Nous l'avons déjà vu, la préposition **a** sert à indiquer un endroit et traduit le français à ou en : **Em quedo a Barcelona**, *Je reste à Barcelone* ; **Vius a Catalunya**, *Tu habites en Catalogne.*

Voici d'autres usages.

- Pour indiquer la direction : **Aniré a visitar la ciutat**, *J'irai visiter la ville*.
- Pour indiquer un moment spécifique : **Marxem a l'abril**, *Nous partons en avril.*

▲ CONJUGAISON
LE VERBE *SORTIR* AU PRÉSENT DE L'INDICATIF

Nous avons déjà croisé le verbe **sortir**, *sortir*, mais sans préciser une petite irrégularité, avec le changement orthographique d'une voyelle.

Sortir, *sortir*
jo surto, *je sors*
tu surts, *tu sors*
ell/ella/vostè surt, *il/elle sort*
nosaltres sortim, *nous sortons*
vosaltres sortiu, *vous sortez*
ells/elles/vostès surten, *ils/elles sortent*

D'autres verbes qui se conjuguent comme **sortir**, *sortir* ; **collir**, *cueillir* ; **escollir**, *choisir* ; **recollir**, *ramasser.*

LE FUTUR

Dans ce dialogue, nous avons rencontré quelques nouveaux verbes au futur, notamment les verbes irréguliers **haver-hi**, *il y a* et **anar**, *aller.*

Haver-hi, *il y a* est un verbe impersonnel utilisé uniquement à la 3e personne du singulier : **Hi haurà molta gent**, *Il y aura beaucoup de monde* ; **Hi haurà molts turistes**, *Il y aura beaucoup de touristes.*

Pour **anar**, *aller*, nous ajouterons les terminaisons du futur (**-é, -às, -à, -em, -eu, -an**) au radical irrégulier **anir-**.

Anar, *aller*
jo aniré, *j'irai*
tu aniràs, *tu iras*
ell/ella/vostè anirà, *il/elle ira*
nosaltres anirem, *nous irons*
vosaltres anireu, *vous irez*
ells/elles/vostès, **aniran**, *ils/elles iront*

VOCABULAIRE

abril, *avril*
acostumat/da, *habitué/e*
agost, *août*
arxiu/s, *archive/s*
de debò, *vraiment, réellement*
desembre, *décembre*
exposició, *exposition*
febrer, *février*
fer nosa, *déranger*
festivals, *festivals*
fotogràfic, *photographique*
gener, *janvier*
juliol, *juillet*
juny, *juin*
magnífic/magnífiques, *magnifique/s*
maig, *mai*
març, *mars*
munt, *beaucoup*
novembre, *novembre*
octubre, *octobre*
setembre, *septembre*
turista (m.)**/turistes**, *touriste/s*
venir de gust, *avoir envie*

● EXERCICES

1. TRADUISEZ LES PHRASES SUIVANTES.

a. Aquesta setmana la passaré sol a casa.
....

b. Nosaltres ens quedarem uns dies per aquí.
....

c. Em quedo a Girona per feina.
....

d. A l'octubre inauguren una exposició.
....

e. El juliol hi haurà molts turistes.
....

f. Jo surto ara, vosaltres sortireu després.
....

2. ACCORDEZ LE VERBE ENTRE PARENTHÈSES AU FUTUR.

a. (anar) Vostè no .... a l'exposició, oi?

b. (sortir) Nosaltres .... perquè ens agraden les festes del barri.

c. (haver-hi) Aquest estiu .... molts festivals de música.

d. (fer) Què .... vosaltres sols, tot el mes?

e. (quedar-se) Jo segur que .... a casa fent feina.

3. ÉCOUTEZ L'ENREGISTREMENT ET COMPLÉTEZ LES PHRASES.

a. No sé si .... a casa dels pares o si em .... aquí.

b. Ens ve de .... descansar i anar a alguna ....

c. .... que hi ha molta .... en aquesta ciutat.

d. Avui uns amics .... una exposició a l' ....

4. VRAI OU FAUX ? ÉCOUTEZ ET COCHEZ LA BONNE RÉPONSE.

a. El Marc i l'Anna aniran a la platja el proper cap de setmana. ☐ VRAI ☐ FAUX

b. Hi ha molts turistes a la platja . ☐ VRAI ☐ FAUX

c. A l'Anna no li ve de gust anar a Gràcia. ☐ VRAI ☐ FAUX

d. El Joan és a Cadaqués per feina. ☐ VRAI ☐ FAUX

17.
QU'AS-TU FAIT AUJOURD'HUI ?

QUÈ HAS FET AVUI?

OBJECTIFS	**NOTIONS**
• PARLER DE SES ACTIVITÉS QUOTIDIENNES • ÉVOQUER LE PASSÉ PROCHE	• LES ADVERBES ET LES LOCUTIONS ADVERBIALES DE TEMPS • LE PARTICIPE PASSÉ • LE PASSÉ COMPOSÉ

UNE JOURNÉE ACTIVE

<u>Judit</u> : Qu'as-tu fait aujourd'hui ? Je ne t'ai pas vu de la journée.

<u>Eloi</u> : Je n'ai pas arrêté. De bonne heure ce matin *(À la première heure)*, je suis allé à la salle de sport. Désormais, j'irai tous les jours.

<u>Judit</u> : Bravo *(Bien fait)* ! Je suis également sortie me dégourdir les jambes un moment.

<u>Eloi</u> : Et dans l'après-midi, je me suis soudain souvenu qu'aujourd'hui était le dernier jour pour déposer ma déclaration de revenus.

<u>Judit</u> : Pouah ! Je m'en suis aussi occupée cette semaine. Que de paperasse !

<u>Eloi</u> : Et où vas-tu maintenant ?

<u>Judit</u> : Maintenant, j'ai un rendez-vous avec une amie. On va au cinéma voir Nos soleils, de Carla Simón. Tu veux venir ?

<u>Eloi</u> : Je l'ai déjà vu. Est-ce que tu as déjà acheté les billets ?

<u>Judit</u> : Pas encore. Pourquoi ?

<u>Eloi</u> : Parce que j'ai une réduction de 5 euros. Tu la veux ?

<u>Judit</u> : Oui, merci ! Tu as vu comment les prix ont augmenté ?

<u>Eloi</u> : Oui, les prix se sont envolés *(ils sont par les nuages)*. Toutefois, on s'en sort assez bien !

<u>Judit</u> : Oui, que faire d'autre *(quel remède)* !

UNA JORNADA ACTIVA

Judit: Què has fet avui? No t'he vist en tot el dia.

Eloi: No he parat. A primera hora he anat al gimnàs. D'ara endavant hi aniré cada dia.

Judit: Ben fet! Jo també he sortit a estirar les cames una estona.

Eloi: I a la tarda, de sobte, he recordat que avui era l'últim dia per presentar la declaració de la renda.

Judit: Uf! Jo també me n'he ocupat aquesta setmana. Quanta paperassa!

Eloi: I tu on vas, ara?

Judit: Ara he quedat amb una amiga. Anem al cine a veure Alcarràs, de Carla Simón. Vols venir?

Eloi: Ja l'he vista. Has comprat les entrades?

Judit: Encara no. Per què?

Eloi: Perquè tinc un descompte de cinc euros. El vols?

Judit: Sí, gràcies! Has vist com han pujat els preus?

Eloi: Sí, estan pels núvols. Tot i això, ens en sortim prou bé!

Judit: Quin remei!

■ COMPRENDRE LE DIALOGUE
FORMULES ET EXPRESSIONS

→ **Estirar les cames**, *se dégourdir les jambes*. On dira également **fer una passejada**, *faire une promenade, faire un tour*.
→ **Quedar amb algú**, *avoir rendez-vous avec quelqu'un* : **He quedat amb la meva mare**, *J'ai rendez-vous avec ma mère*.
→ **Pujar els preus**, *monter les prix*. Nous pouvons aussi dire **augmentar els preus**, *augmenter les prix*.
→ **Els preus estan pels núvols**, *Les prix s'envolent*. Ne pas confondre **estar pels núvols**, pour exprimer que les prix explosent, avec **estar als núvols**, *être dans les nuages*, pour parler de quelqu'un qui est très distrait.

NOTE CULTURELLE

Carla Simón est une réalisatrice et scénariste catalane renommée, principalement connue pour ses films **Estiu 1993** *(Été 93)*, sorti en 2017, qui relate l'histoire autobiographique d'une petite fille confrontée à la perte de sa mère, et d'**Alcarràs** *(Nos soleils)*, sorti en 2022. **Alcarràs** raconte l'histoire d'une famille qui cultive des pêchers depuis plusieurs générations, mais dont les terres sont saisies pour y installer des panneaux solaires. Le film a remporté l'Ours d'or à la Berlinale en 2022.

◆ GRAMMAIRE
LES ADVERBES ET LOCUTIONS ADVERBIALES DE TEMPS

Nous avons déjà rencontré de nombreux adverbes et locutions adverbiales de temps dans les modules précédents (**sempre**, *toujours* ; **sovint**, *souvent* ; **de vegades**, *parfois…*). En voici d'autres.

De sobte, *tout à coup, soudainement* : **De sobte, ho vaig recordar**, *Tout à coup, je me suis souvenu*.

D'ara endavant, *désormais, à partir de maintenant* : **D'ara endavant faré esport cada dia**, *Désormais, je vais faire du sport tous les jours*.

A primera hora (del matí) : a primera hora (de la tarda), *Dès le matin / De bonne heure, en début d'après-midi* : **A primera hora sortiré a passejar**, *Dès le matin, j'irai me promener*.

▲ CONJUGAISON
LE PARTICIPE PASSÉ

Pour les verbes réguliers, le participe passé en catalan se termine en : **-at**, **-ut** et **-it**.

• 1re conjugaison : la terminaison **-ar** de l'infinitif se transforme en **-at** : **treballar** → **treballat**, *travailler, travaillé* ;
• 2e conjugaison : les terminaisons **-er** / **-re** de l'infinitif se transforment en **-ut** : **témer** → **temut**, *craindre, craint* ; **perdre** → **perdut**, *perdre, perdu* ;
• 3e conjugaison : la terminaison **-ir** de l'infinitif se transforme en **-it** : **dormir** → **dormit**, *dormir, dormi* ; **servir** → **servit**, *servir, servi*.

Voici quelques verbes irréguliers que nous avons déjà croisés.

1re conjugaison	2e conjugaison	3e conjugaison
anar, **anat**, *aller, allé*	**beure**, **begut**, *boire, bu* **fer**, **fet**, *faire, fait* **saber**, **sabut**, *savoir, su* **ser**, **estat (sigut)**, *être, été* **seure**, **segut**, *asseoir, assis* **treure**, **tret**, *enlever, enlevé* **veure**, **vist**, *voir, vu* **voler**, **volgut**, *vouloir, volu*	**dir**, **dit**, *dire, dit* **tenir**, **tingut**, *avoir, eu*

LE PASSÉ COMPOSÉ

Dans le dialogue, nous avons rencontré le passé composé, formé avec l'auxiliaire **haver** (**he**, **has**, **ha**, **hem**, **heu**, **han**) + le participe passé du verbe principal : **he anat**, *je suis allé/e* ; **he vist**, *j'ai vu* ; **has comprat**, *tu as acheté*, etc.

Il exprime principalement un passé récent.

Cantar / Anar / Fer / Sortir / Veure
jo he cantat / fet / sortit / vist, *j'ai chanté / fait / sorti / vu*
tu has cantat / fet / sortit / vist, *tu as chanté / fait / sorti / vu*
ell/ella/vostè han cantat / fet / sortit / vist, *il/elle a chanté / fait / sorti / vu*

nosaltres hem cantat / fet / sortit / vist, *nous avons chanté / fait / sorti / vu*
vosaltres heu cantat / fet / sortit / vist, *vous avez chanté / fait / sorti / vu*
ells/elles/vostès han cantat / fet / sortit / vist, *ils/elles ont chanté / fait / sorti / vu*

Attention à la concordance. Dans le dialogue nous utilisons **l'he vista**, *je l'ai vue* pour évoquer **la pel·lícula**, *le film*, qui est féminin en catalan. Le participe passé peut s'accorder en genre et en nombre avec l'objet direct.

He mirat el menú del restaurant → **L'he mirat**, *J'ai regardé le menu du restaurant* → *Je l'ai regardé* ; **He mirat la carta del restaurant** → **L'he mirada** (ou **l'he mirat**), *J'ai regardé le menu du restaurant* → *Je l'ai regardé*.

Attention également à la place de l'adverbe. Le catalan ne peut inclure d'adverbes entre l'auxiliaire **haver** et le participe passé : **A primera hora he anat al mercat** ou **He anat al mercat a primera hora**, *De bonne heure, je suis allé/e au marché* ou *Je suis allé/e au marché de bonne heure* ; **Encara no he comprat les entrades**, *Je n'ai pas encore acheté les entrées*.

VOCABULAIRE

beure, *boire*
descompte, *réduction, remise*
estirar, *étirer*
ocupar, *occuper*
paperassa, *paperasse*
parar, *arrêter*
pujar, *monter, augmenter*
quedar (amb algú), *recontrer quelqu'un, avoir rendez-vous avec quelqu'un*

a primera hora de la tarda, *en début de l'après midi*
a primera hora, *dès le matin, de bonne heure*
d'ara endavant, *désormais*
de sobte, *soudain, tout à coup*
declaració de la renda, *déclaration de revenus*
estirar les cames, *dégourdir les jambes*

EXERCICES

1. TRADUISEZ LES PHRASES SUIVANTES.

a. Avui no us he vist en tot el dia.

....

b. Hem anat a estirar les cames una estona.

....

c. He comprat les entrades, però els preus han pujat.

....

d. He quedat per anar al cine, voleu venir?

....

e. Aquest cap de setmana, m'he ocupat de la declaració de la renda.

....

2. CONJUGUEZ AU PASSÉ COMPOSÉ LE VERBE ENTRE PARENTHÈSES.

a. (anar / fer) La Maria .... al gimnàs, però tots dos .... esport el cap de setmana.

b. (visitar / Quedar) Vosaltres .... l'exposició? La Laia i jo .... més tard amb el Joan per anar-hi.

c. (dir / Veure) El Joan .... a tothom que tu i jo .... cinc pel·lícules en un sol dia.

d. (venir / Decidir) Tu .... a fer feina? Jo .... no fer res en tot el dia.

3. ÉCOUTEZ LE DIALOGUE ET COMPLÉTEZ LES MOTS QUI MANQUENT.

🔊 19

a. – Hola! Què has fet avui? No .... en tot el ....

b. – Hola! No he parat. A primera hora .... a fer un passeig. D'ara .... ho faré més sovint.

c. – Molt bé. Jo també he sortit a .... les cames una ....

d. – A la tarda, ... , m'he adonat que .... no m'he inscrit a la universitat.

e. – Ai, sí! Jo ja ho .... Quanta .... , oi?

f. – Sí, ... ! I tu, on .... ara?

g. – Ara .... amb una amiga. Vols .... ?

h. – Gràcies, però no puc. Tinc .... al banc. Fins .... !

4. VRAI OU FAUX ? ÉCOUTEZ ET RÉPONDEZ PAR VRAI OU FAUX.

🔊 19

a. El Toni i l'Estel s'han perdut.	☐	VRAI	☐	FAUX
b. L'Estel i el Joan han sortit per la muntanya.	☐	VRAI	☐	FAUX
c. A la platja hi havia molta gent.	☐	VRAI	☐	FAUX
d. L'Estel proposa al Toni fer una sortida amb ells.	☐	VRAI	☐	FAUX

18.
CHEZ LE MÉDECIN

AL METGE

OBJECTIFS

- DÉCRIRE SON ÉTAT DE SANTÉ
- EXPLIQUER SES SYMPTÔMES
- RÉPONDRE AU MÉDECIN

NOTIONS

- LES EXPRESSIONS DE TEMPS ET DE QUANTITÉ
- LA PÉRIPHRASE DE PROBABILITÉ
- LA PÉRIPHRASE D'OBLIGATION

JE SUIS MALADE

Patient (P) : Bonjour docteure. Voici ma carte d'assurance sociale. Je ne me sens pas trop bien depuis deux jours. Depuis hier, j'ai un peu de fièvre.

Médecin généraliste (M) : Quels sont vos symptômes *(Quels symptomes a)* ?

P : J'ai mal à la tête, j'ai mal à la gorge et je tousse. Et je n'arrête pas d'éternuer ! J'ai dû attraper froid.

M : Je vais vous examiner *(explorer)* tout de suite. C'est probablement un virus. Je vais prendre votre tension. Avez-vous des difficultés à respirer ?

P : Non, je n'ai pas de mal à respirer. Mais quand je respire, j'ai mal à la poitrine. J'ai un mal-être général.

M : C'est normal. Je vois que votre tension artérielle est basse. Pour la toux, je vous prescris un sirop. Il faut le prendre trois fois par jour, pendant cinq jours. Vous devrez vous rendre à la pharmacie. Et vous devrez faire une prise de sang à jeun, peut-être faites-vous un peu d'anémie.

P : C'est possible. Je me sens affaibli depuis un moment et je ne mange pas beaucoup…

M : Vous n'avez pas la tête qui tourne ?

P : Oui, mais c'est normal : j'ai toujours des vertiges quand je viens aux CAP, les blouses blanches me font peur. Puis-je prendre du paracétamol ?

M : Oui, toutes les six heures. En attendant d'avoir *(Pendant que nous attendons)* les résultats, vous devez vous reposer.

P : Je vais rester à la maison. De toute façon, je n'ai pas envie de faire quoi que ce soit.

M : Vous vous sentirez probablement mieux dans deux ou trois jours. Sinon, nous devrons faire plus de tests. Pour l'instant, rien d'autre. Si vous avez des difficultés à respirer, appelez-moi.

ESTIC MALALT

<u>Pacient (P)</u>: Bon dia, doctora. Aquí té la targeta sanitària. Fa dos dies que no em trobo massa bé. Des d'ahir que tinc una mica de febre.

<u>Metgessa de capçalera (M)</u>: Quins símptomes té?

<u>P</u>: Tinc mal de cap, em fa mal la gola i tinc tos. I no paro d'esternudar! Dec haver agafat fred.

<u>M</u>: Ara l'exploraré. Probablement és un virus. Li prendré la tensió. Té dificultats per respirar?

<u>P</u>: No, no em costa respirar. Però quan respiro em fa mal el pit. Tinc malestar general.

<u>M</u>: És normal. Veig que té la pressió baixa. Per a la tos, li recepto un xarop. Se l'ha de prendre tres cops al dia, durant cinc dies. Haurà d'anar a la farmàcia. I s'haurà de fer una anàlisi de sang en dejú, potser té una mica d'anèmia.

<u>P</u>: És possible. Fa temps que em trobo fluix i que no menjo gaire…

<u>M</u>: I no està marejat?

<u>P</u>: Sí, però és normal: jo sempre em marejo quan vinc al CAP, les bates blanques em fan por. Puc prendre paracetamol?

<u>M</u>: Sí, cada sis hores. Mentre esperem els resultats, ha de reposar.

<u>P</u>: Em quedaré a casa. De tota manera no em ve de gust fer res.

<u>M</u>: Segurament es trobarà millor en un parell o tres de dies. Si no és així, haurem de fer més proves. De moment res més. Si té dificultats per respirar, em truca.

■ COMPRENDRE LE DIALOGUE
FORMULES ET EXPRESSIONS

→ **Em trobo fluix**, *Je me sens faible*. **Fluix**, *mou* est utilisé dans différents contextes : **Mireu de parlar fluix**, *Essayez de parler doucement (bas)* ; **És un estudiant fluix, haurà de repetir l'assignatura**, *C'est un étudiant faible, il doit redoubler la matière* ; **El clau sembla fluix**, *Le clou semble mal fixé* ; **Una collita fluixa**, *Une faible récolte*.

→ Le **CAP** est l'acronyme de **Centre d'Atenció Primària**, *Centre de soins primaires* qui offre les soins médicaux de base. Nous entendrons également **ambulatori**, *dispensaire, clinique* : **Demà vaig a l'ambulatori a fer-me unes proves**, *Demain, je vais à la clinique faire des examens*.

◆ GRAMMAIRE
LES EXPRESSIONS DE TEMPS ET DE QUANTITÉ

Nous rencontrons plusieurs expressions de temps et de quantité dans ce dialogue :

• **Fa**, *depuis* : **Fa molt de temps que no vaig al metge**, *Je ne suis pas allé/e chez le médecin depuis longtemps*.

• **Durant**, *pendant* : **He de prendre el medicament durant un mes**, *Je dois prendre le médicament pendant un mois*.

• **Mentre**, *alors que*, *pendant que* : conjonction pour indiquer que deux actions se déroulent simultanément. **Ell menja mentre l'Alba parla**, *Il mange pendant qu'Alba parle*.

• **Cop**, *fois* : **Un cop a la setmana vaig al teatre**, *Une fois par semaine, je vais au théâtre* ; **Bec aigua tres cops al dia**, *Je bois de l'eau trois fois par jour*. Attention, nous pouvons utiliser la préposition **a**, *à* ou **per**, *par*. **Un cop a/per mes**, *Une fois par mois*.

• **Una mica**, *un peu* : **Tinc una mica d'anèmia**, *Je fais un peu d'anémie*.

▲ CONJUGAISON
LA PÉRIPHRASE DE PROBABILITÉ

Pour exprimer la probabilité, nous avons plusieurs possibilités.

• L'utilisation du verbe **deure**, *devoir* **(au présent)** + infinitif : **Dec haver agafat fred**, *J'ai dû attraper froid* ; **Deuen estar constipats**, *Ils doivent être enrhumés*.

- Le verbe **poder + inifinitiu**, *pouvoir + infinitif* : **Poden estar malalts**, *Ils sont peut-être malades.*

- **Segons sembla**, *apparemment* : **Segons sembla, estava malalt**, *Apparemment, il était malade.*

- Les adverbes **potser**, *peut-être*, *probablement*, et **segurament**, *sûrement* avec le verbe au présent indicatif ou au futur : **Sembla que s'ha refredat**, *Il semble qu'il est enrhumé* ; **Probablement és un virus**, *C'est probablement un virus* ; **Potser té anèmia**, *Peut-être souffrez-vous de l'anémie* ; **Segurament aviat es trobarà millor**, *Il/Elle se sentira probablement mieux bientôt.*

LA PÉRIPHRASE D'OBLIGATION

Vous le savez, l'obligation en catalan peut être exprimée avec **haver de + infinitiu**, *avoir + infinitif*. Le verbe **haver** est toujours à la 3ᵉ personne : **S'ha d'arribar a l'hora**, *Il faut arriver à l'heure* ; **S'havia de fer una anàlisi de sang**, *Il devait faire une prise de sang* ; **S'haurà de controlar l'alimentació**, *Il/Elle devra contrôler l'alimentation.*

Une autre périphrases d'obligation :

Caldre + infinitiu, *falloir + infinitif* : **Cal ajudar els malalts**, *Il faut aider les malades* ; **Cal prendre el xarop cada tres hores**, *Il faut prendre le sirop toutes les trois heures.*

● EXERCICES

1. TRADUISEZ LES PHRASES SUIVANTES.

a. Estic malalt i no em trobo bé.
....

b. Li he de prendre la tensió. Li costa respirar?
....

c. Tinc la pressió alta i malestar general, però no tinc febre.
....

d. Em pot receptar un xarop per a la tos?
....

e. Aquí té els medicaments, té una mica d'anèmia.
....

2. COMPLÉTEZ AVEC L'EXPRESSION DU TEMPS OU DE QUANTITÉ APPROPRIÉE.

a. .... un any que no vaig al metge.

b. He de prendre el medicament un .... cada dia.

c. .... esperes, jo truco al metge.

d. .... un any m'he de fer anàlisis de sang cada tres mesos.

3. CONJUGUEZ LE VERBE ENTRE PARENTHÈSES.

a. .... (deure) haver agafat fred, per això no es troba bé.

b. .... (caldre) anar al metge si et trobes malament.

c. Sembla que els nois .... (poder) tenir un virus.

d. Ells .... (haver) de prendre el medicament cada dia.

4. ÉCOUTEZ L'ENREGISTREMENT ET COMPLÉTEZ LES PHRASES.

a. – Doctor, fa setmanes que estic ....

b. – Haurà de .... una anàlisi de sang.

c. Segons .... , tenim un virus.

d. Probablement, ... tornar al metge.

● VOCABULAIRE

anàlisi de sang, analyse de sang
anèmia, anémie
auscultar, ausculter
bata blanca, blouse blanche
bata, robe de chambre
constipat, enrhumé/e
dejú, à jeun
dificultat, difficulté
doctor/a, docteur/e
durant, pendant
esternudar, éternuer
explorar, explorer
fluix, faible
fred, froid
general, générale
gola, gorge
malestar, mal-être
marejar-se, avoir des vertiges, être étourdi/e
metge, metgessa, médecin
metge/ssa de capçalera, médecin traitant
pacient, patient
paracetamol, paracétamol
parar, arrêter
pit, poitrine
pressió alta/baixa, pression haute/basse
prova/es, preuve/s, test/s
receptar, prescrire
recepta, ordonnance
refredat, enrhumé/e
repòs, repos
respirar, respirer
resultat, résultat
sa, sain
sang (f.), sang
targeta sanitària, carte vitale
tensió, tension
tos, toux
tossir, tousser
virus, virus
xarop, sirop

NOTE CULTURELLE

Par le passé, la Catalogne a été touchée par des épidémies, tout comme le reste du monde. L'une d'entre elles fut la fièvre jaune, qui a sévi violemment à Barcelone en 1821, causant la mort de 8 000 personnes. La surpopulation et les conditions de vie insalubres ont été identifiées comme les principales raisons de la propagation rapide et du nombre élevé de décès dans la capitale catalane.

5. VRAI OU FAUX ? ÉCOUTEZ LE DIALOGUE ET COCHEZ LA BONNE RÉPONSE.

a. La pacient no té mal de coll. ☐ VRAI ☐ FAUX
b. El metge li recepta molts medicaments. ☐ VRAI ☐ FAUX
c. La pacient ha de descansar. ☐ VRAI ☐ FAUX
d. La pacient vol treballar des de casa. ☐ VRAI ☐ FAUX

19.
ENTRETIEN D'EMBAUCHE

ENTREVISTA DE TREBALL

OBJECTIFS	NOTIONS

- PARLER DE SON EXPÉRIENCE PROFESSIONNELLE
- PARLER DE SOI, SE DÉCRIRE

- LA FORMATION DES ADJECTIFS FÉMININS
- LES VERBES IRRÉGULIERS (-NDRE, -LDRE, -URE)
- LE VERBE *INTERESSAR*

UNE CANDIDATE PARFAITE ?

Recruteur : Votre profil nous intéresse. Pouvez-vous me parler de votre expérience professionnelle ?

Candidate : J'ai d'abord travaillé dans une agence de publicité. Par la suite, j'ai travaillé comme guide touristique. Je suis très créative et communicative et j'aime échanger *(traiter)* avec les gens.

Recruteur : Pourquoi voulez-vous travailler dans notre entreprise ?

Candidate : J'ai toujours été intéressée par la mode. J'ai grandi dans un environnement artistique, j'aime les vêtements que vous fabriquez, élégants, joyeux et jeunes. Je pense que je peux beaucoup apporter à la société.

Recruteur : Avez-vous de l'expérience dans ce secteur ?

Candidate : Oui. J'ai travaillé dans un magasin de vêtements pendant six mois. Là, j'ai appris à m'occuper des clients, à organiser les stocks, à faire l'inventaire, à tenir la caisse…

Recruteur : Pourquoi avez-vous quitté votre emploi ?

Candidate : J'ai eu quelques problèmes avec ma patronne. Je voulais une augmentation de salaire. Nous nous sommes accrochés et il m'a congédié.

Recruteur : Mince ! Et comment avez-vous réagi ?

Candidate : Cela m'a blessée. Mais j'ai rien fait. J'ai ramassé mes affaires et je suis partie.

Recruteur : D'accord. Et que pensez-vous pouvoir offrir à notre entreprise ?

Candidate : Je peux apporter mon expérience de vendeuse, ma formation de designer, ma passion pour les vêtements et mon bon goût.

Recruteur : Et comment vous définissez-vous en tant que personne ?

Candidate : Je suis aimable, sociable, dynamique et responsable. J'aime travailler en équipe, mais je suis aussi capable de travailler de manière autonome.

Recruteur : Merci beaucoup. On s'arrête *(On le laisse)* ici. Nous vous appellerons bientôt.

21 — UNA CANDIDATA PERFECTA?

Entrevistador: El seu perfil ens interessa. Em pot parlar de la seva experiència laboral?

Candidata: Primer vaig treballar en una agència de publicitat. Després, vaig treballar com a guia turística. Soc molt creativa i comunicativa i m'agrada tractar amb la gent.

Entrevistador: Per què vol treballar en la nostra empresa?

Candidata: Sempre m'ha interessat la moda. Vaig créixer en un ambient artístic, m'agrada la roba que fan, elegant, alegre i jove. Crec que puc aportar molt a la societat.

Entrevistador: Té experiència en aquest sector?

Candidata: Sí. Vaig treballar en una botiga de roba durant sis mesos. Allà vaig aprendre a atendre els clients, a organitzar l'estoc, a fer inventari, a fer caixa…

Entrevistador: Per què va deixar la feina?

Candidata: Vaig tenir alguns problemes amb la meva cap. Jo volia un augment de sou. Vam tenir una enganxada i em va acomiadar.

Entrevistador: Vaja! I com va reaccionar, vostè?

Candidata: Em va doldre. Però no vaig fer res. Vaig recollir les meves coses i vaig marxar.

Entrevistador: D'acord. I què creu que pot oferir a la nostra empresa?

Candidata: Puc aportar la meva experiència com a venedora, la meva formació com a dissenyadora, la meva passió per la roba i el meu bon gust.

Entrevistador: I com es defineix com a persona?

Candidata: Soc amable, sociable, dinàmica i responsable. M'agrada treballar en equip, però també soc capaç de treballar de forma autònoma.

Entrevistador: Moltes gràcies. Ho deixem aquí. Li trucarem aviat.

■ COMPRENDRE LE DIALOGUE
FORMULES ET EXPRESSIONS

→ **Fer caixa**, *tenir (faire) la caisse*. L'expression est également utilisée pour designer l'action d'économiser : **He de fer caixa per marxar de viatge**, *Je dois économiser pour partir en voyage.*
→ **Tenir una enganxada**, *s'accrocher avec quelqu'un*. Il s'agit d'une expression familière pour décrire une dispute avec quelqu'un. **Enganxat/enganxada**, *Accroché/e* ; **Vaig tenir una enganxada amb el meu veí**, *Je me suis disputé/e avec mon voisin.*
→ **Em va doldre**, *Cela m'a blessé/e.*
→ **Ho deixem aquí**, *On s'arrête ici* ; **deixar**, *laisser, prêter.*

◆ GRAMMAIRE
LA FORMATION DES ADJECTIFS FÉMININS

Dans le dialogue, nous avons rencontré de nombreux adjectifs qualificatifs, tant au masculin qu'au féminin. Vous le savez, ils ne se déclinent pas tous au féminin de la même manière, voyons cela plus en détails.

Les adjectifs qui restent invariables :

Les adjectifs se terminant par **-al**, **-el**, **-il**, **-ant**, **-ent**, **-ar**, **-erior**, comme **elegant**, *élégant* :
Aquest senyor és molt elegant, *Ce monsieur est très élégant.*
Aquesta camisa és molt elegant, *Cette chemise est très élégante.*

Les adjectifs finissant en **– able**, **-eble**, **-ible**, **-oble**, **-uble**, **-aire**, **-oide**, **-forme**, tels que **responsable** *responsable* ou **amable**, *aimable* :
Soc una persona responsable i amable, *Je suis une personne responsable et aimable.*
Som una família responsable i amable, *Nous sommes une famille responsable et aimable.*

Des adjectifs se terminant en **-e** atone tels que **alegre**, *gai* et **jove**, *jeune* :
El Joan sempre està alegre, *Joan est toujours gai.*
Va ser una nit alegre, *Ce fut une nuit gaie.*

Les adjectifs variables :

Les adjectifs se terminant en **-au**, **-iu** et **-ou** adoptent au féminin les terminaisons **-ava**, **-iva** et **-ova** tels que **creatiu** → **creativa**, **comunicatiu** → **comunicativa**, ou encore **blau** → **blava** ; **nou** → **nova**…

L'empresa busca un treballador creatiu, *L'entreprise est à la recherche d'un travailleur créatif.*
L'Anna és molt creativa, *Anna est très créative.*
És un noi comunicatiu, *C'est un gars communicatif.*
L'activitat comunicativa d'una empresa és important, *La communication* (litt. « *L'activité communicative* ») *d'une entreprise est importante.*
M'agrada el bolso blau però no queda bé amb la faldilla blava, *J'aime le sac à main bleu mais il ne va pas très bien avec la jupe bleue.*

▲ CONJUGAISON
LES VERBES IRRÉGULIERS (*-NDRE, -LDRE, -URE*)

Vous connaissez les verbes de la deuxième conjugaison, nombre d'entre eux sont irréguliers.

Les verbes se terminant par **-ndre** (**aprendre**, *apprendre* ; **encendre**, *allumer*…), **-dre** (**resoldre**, *résoudre* ; **doldre**, *faire mal, déplaire*…), **-ure** (**creure**, *croire*) prennent la terminaison **-c** à la première personne du présent de l'indicatif : **jo venc**, *je vends* ; **jo prenc**, *je prends* ; **jo crec**, *je crois*…

LE VERBE *INTERESSAR*

Nous avons rencontré dans le dialogue **ens interessa**, *il nous intéresse* et **m'ha interessat**, *il m'a intéressé/e*. La construction du verbe **interessar**, *s'intéresser* dans sa forme intransitive se calque souvent sur celle du verbe **agradar**, *plaire*.

Interessar-se, *s'intéresser*	
(a mi) m'interessa	moi, je m'intéresse
(a tu) t' interessa	toi, tu t'intéresses
(a ell/a ella/a vostè) li interessa	lui/elle, il/elle s'intéresse
(a nosaltres) ens interessa	nous, nous nous intéressons
(a vosaltres) us interessa	vous, vous vous intéressez
(a ells/a elles/a vostès) els interessa	eux/elles, ils/elles s'intéressent

Voici quelques exemples :
A vostè li interessa aquesta casa, *Cette maison vous intéresse.*
A nosaltres ens interessa vendre molt, *Il est dans notre intérêt de vendre beaucoup.*

Attention à l'accord entre le verbe et le sujet :

A l'empresa li interessen els candidats originals, *L'entreprise est intéressée par les profils originaux.*
Als treballadors els interessen els beneficis de l'empresa, *Les travailleurs sont intéressés par les bénéfices de la société.*

VOCABULAIRE

acomiadar, *congédier, licencier*
agència, *agence*
alegre, *gai, heureux*
amable, *aimable*
ambient, *ambiance*
aportar, *apporter, contribuer*
aprendre, *apprendre*
artístic, *artistique*
atendre, *s'occuper*
autònom/a, *autonome*
botiga de roba, *magasin de vêtements*
caixa, *caisse, boîte*
candidat/a, *candidat/e*
cap, *patron/ne, tête*
capaç, *capable*
comunicatiu/va, *communicatif/ve*
creatiu/va, *créatif/ve*
créixer, *grandir*
deixar, *arrêter, prêter*
dinàmic, *dynamique*
dissenyador(a), *designer*
doldre, *faire mal*
empresa, *entreprise*
entrevista, *interview*
entrevistador, *recruteur, intervieweur*
equip, *équipe*
estoc, *stock*
experiència laboral, *expérience professionnelle*
formació, *formation*
gent (f. s.), *les gens*
interessar, *s'intéresser*

inventari, *inventaire*
jove, *jeune*
moda, *mode*
oferir, *offrir*
passió, *passion*
perfil, *profil*
publicitat, *publicité*
reaccionar, *réagir*
recollir, *recueillir*
responsable, *responsable*
sector, *secteur*
societat, *société*
tractar, *traiter*
trucar, *appeler*
venedor/a, *vendeur/se*
fer caixa, *tenir la caisse*
tenir una enganxada, *s'accrocher avec quelqu'un, se disputer*

● EXERCICES

1. TRADUISEZ LES PHRASES SUIVANTES.

a. M'interessa la moda.
....

b. Treballo en una agència de publicitat.
....

c. La dona és amable i creativa.
....

d. He tingut problemes amb el meu cap.
....

e. Ho deixem aquí, després li truco.
....

2. COMPLÉTEZ AVEC LE PRONOM QUI CONVIENT.

a. A nosaltres .... interessa aquest projecte.

b. A vostès .... interessen els candidats amb experiència.

c. A vostès .... interessa trobar feina.

d. A mi .... interessa anar a l'entrevista.

3. ÉCOUTEZ L'ENREGISTREMENT ET COMPLÉTEZ LES PHRASES.

a. La meva experiència .... és molt diversa.

b. Tinc .... com a dissenyador gràfic.

c. Soc una persona responsable i ....

d. Vaig treballar en una .... de roba.

e. El meu .... els interessa molt.

f. Vaig demanar un .... de sou.

4. VRAI OU FAUX ? ÉCOUTEZ LE DIALOGUE ET COCHEZ LA BONNE RÉPONSE.

a. El candidat vol treballar un parell de mesos. ☐ VRAI ☐ FAUX
b. El candidat ha treballat com a guia turístic. ☐ VRAI ☐ FAUX
c. A l'entrevistadora li interessa el perfil del candidat. ☐ VRAI ☐ FAUX
d. El candidat és responsable i dinàmic. ☐ VRAI ☐ FAUX

20.
COMMENT ALLER À ?
COM ANAR A...?

OBJECTIFS

- DEMANDER SON CHEMIN
- INDIQUER LE CHEMIN
- VISITER LA VILLE

NOTIONS

- LA PRÉPOSTION *FINS*, *FINS* A, « JUSQU'À »
- L'IMPÉRATIF

D'UN ENDROIT À L'AUTRE

<u>Santi</u> : Je viens de visiter la Casa Amatller et la Casa Batlló. Elles sont magnifiques. Peux-tu me dire comment se rendre à la Sagrada Familia d'ici ?

<u>Marga</u> : C'est très simple. Depuis la Casa Batlló, continue sur le Passeig de Gràcia jusqu'à la rue Aragó. Tourne à droite et marche jusqu'à l'Avinguda Diagonal. Une fois là-bas, tourne à gauche dans la rue de Sardenya et continue tout droit jusqu'à la place de la Sagrada Familia.

<u>Santi</u> : Est-ce loin ?

<u>Marga</u> : Non, compte entre 20 et 25 minutes. Dans tous les cas, je te conseille de faire un léger détour *(te déviar légèrement)* et de visiter d'abord La Pedrera. C'est à mi-chemin.

<u>Santi</u> : La Pedrera est aussi de Gaudí, n'est-ce pas ?

<u>Marga</u> : Oui. Longe *(Va par le)* Passeig de Gràcia jusqu'à la rue Provença, c'est facile à trouver. De là, pour te rendre à la Sagrada Familia, prends la rue Provença et traverse l'Avinguda Diagonal. Continue tout droit jusqu'à la Sagrada Familia.

<u>Santi</u> : Est-ce que tu me recommandes autre chose ?

<u>Marga</u> : Si tu en as envie, tu peux faire toute la route moderniste de Barcelone. C'est magnifique. Cela peut être fait en bus. Cela dit, tu auras besoin de quelques jours !

<u>Santi</u> : Alors allons-y ! Merci beaucoup !

D'UN LLOC A UN ALTRE

<u>Santi</u>: Acabo de visitar la Casa Amatller i la Casa Batlló. Són precioses. Em pots dir com anar a la Sagrada Família des d'aquí?

<u>Marga</u>: És molt fàcil. Des de la Casa Batlló, segueix pel passeig de Gràcia fins a arribar al carrer Aragó. Gira a la dreta i camina fins a l'Avinguda Diagonal. Un cop allà, gira a l'esquerra pel carrer de Sardenya i continua tot recte fins a la plaça de la Sagrada Família.

<u>Santi</u>: És molt lluny?

<u>Marga</u>: No, calcula entre 20 i 25 minuts. De tota manera, t'aconsello desviar-te lleugerament i visitar primer La Pedrera. Es troba a mig camí.

<u>Santi</u>: La Pedrera és també de Gaudí, oi?

<u>Marga</u>: Sí. Ves pel passeig de Gràcia fins al Carrer Provença, és fàcil de trobar. Des d'allà, per arribar a la Sagrada Família, agafa el carrer Provença i travessa l'Avinguda Diagonal. Segueix recte fins a la Sagrada Família.

<u>Santi</u>: Em recomanes alguna cosa més?

<u>Marga</u>: Si tens ganes, pots fer tota la ruta modernista de Barcelona. És magnífica. Es pot fer en autobús. Ara bé, necessitaràs uns quants dies!

<u>Santi</u>: Som-hi doncs! Moltes gràcies!

■ COMPRENDRE LE DIALOGUE
FORMULES ET EXPRESSIONS

→ **Com puc anar a…?**, *Comment puis-je me rendre à… ?* C'est une formule simple pour demander des indications. Vous pouvez également dire : **Em pot/podria dir com anar…?** *Pourriez-vous m'indiquer comment aller à … ?*

→ **Es troba a mig camí**, *Il/Elle se trouve à mi-chemin*. Notez les différents usages du verbe **trobar**, *trouver* et **trobar-se**, *se situer, se sentir*.

→ **Ara bé** litt. « maintenant bien », *cela dit, toutefois, cependant*. Cette locution introduit une précision, une opposition, une concession : **Ara bé, és lluny**, *Toutefois, c'est loin*.

→ **Som-hi doncs!** C'est une expression familière qui équivaut à *Allons-y !* Elle exprime l'enthousiasme ou l'envie de réaliser une action.

NOTE CULTURELLE

Le modernisme est profondément enraciné à Barcelone et son influence demeure prégnante au sein de la ville. La Route du Modernisme de Barcelone propose un itinéraire qui traverse **la Barcelona de Gaudí**, **Domènech i Montaner** et **Puig i Cadafalch**. Ces architectes, en collaboration avec d'autres artistes, ont érigé Barcelone en tant que capitale incontestée du modernisme. Vous trouverez à Barcelone des palais impressionnants, des hôpitaux, des usines, la **Sagrada Família**, ainsi que des réalisations plus familières, tels que des pharmacies, des cafés, des boutiques, des réverbères ou encore des bancs.

◆ GRAMMAIRE
LA PRÉPOSTION *FINS*, *FINS A* « JUSQU'À »

En catalan, nous utiliserons **fins** et **fins a** pour indiquer le *jusqu'à* français. Cette préposition peut avoir une valeur spatiale et une valeur temporelle.

La valeur spatiale :

Anem fins a la plaça Marcús, *Nous allons jusqu'à la place Marcús* ; **Continua fins al carrer Progrés**, *Continue jusqu'à la rue du Progrès*.

Fins a se réduit parfois à **fins**, notamment devant les adverbes **aquí**, **allí**, *ici, là* : **Has d'anar fins allà**, *Tu dois aller jusqu'à là*.

La valeur temporelle :

On conserve **fins a** devant les expressions de temps : **Em quedo aquí fins a les deu**, *Je reste ici jusqu'à dix heures*.

Devant un infinitif : **Caminem fins a estar esgotats**, *Nous marchons jusqu'à épuisement*.

En revanche, souvent **fins a** se réduit à **fins**, notamment :
- devant le verbe **fer**, *faire* : **Fins fa poc, estava tancat**, *Jusqu'à récemment, il était fermé* ;
- devant les adverbes de temps : **Fins demà no vinc**, *Je ne viens pas avant demain* ;
- devant les jours de la semaine : **Fins dilluns no arriben**, *Ils n'arrivent pas avant lundi*.

▲ CONJUGAISON
L'IMPÉRATIF AFFIRMATIF

Nous abordons dans ce module l'impératif affirmatif, qui sert à donner des ordres et des indications. Nous avons rencontré dans le dialogue : **camina**, **gira**, **continua**, **calcula**, **agafa**, **travessa**, **segueix**, **ves****.

caminar, *marcher* 1re conjugaison	**prendre**, *prendre* 2e conjugaison	**seguir***, *continuer, suivre* 3e conjugaison (inchoatif)
camin**a (tu)**, *marche*	pren, *prends*	segu**eix**, *suis, continue*
camin**i (vostè)**, *marchez*	prengu**i**, *prenez*	segu**eixi**, *suivez, continuez*
camin**em (nosaltres)**, *marchons*	pren**em**, *prenons*	segu**im**, *suivons, continuons*
camin**eu (vosaltres)**, *marchez*	pren**eu**, *prenez*	segu**iu**, *suivez, continuez*
camin**in (vostès)**, *marchez*	prengu**in**, *prenez*	segu**eixin**, *suivez, continuez*

* **Rappel : seguir**, *suivre* est un verbe inchoatif. Pour rappel, on appelle inchoatifs les verbes en **-ir** qui ajoutent **-eix-** entre le radical et la terminaison aux trois personnes du singulier et à la 3e personne du pluriel au présent de l'indicatif, de l'impératif et du subjonctif.

** **Ves**, *va* est l'impératif du verbe **anar**, *aller*, irrégulier : **ves (tu)**, *va* ; **vagi (vostè)**, *allez* ; **anem (nosaltres)**, *allons* ; **aneu (vosaltres)**, *allez* ; **vagin (vostès)**, *allez*.

Pour vous aider, voici quelques petites astuces :
- Comme en français, la 3e personne du singulier du présent de l'indicatif correspond à la 2e personne du singulier de l'impératif.

Présent d'indicatif : **Ell camina**, *Il marche*.
Impératif : **Camina (tu)**, *Marche*.

- De la même façon, à la 2e personne du pluriel du présent de l'indicatif correspond à la 2e personne du pluriel de l'impératif.

Présent d'indicatif : **Vosaltres camineu**, *Vous marchez*.
Impératif : **Camineu (vosaltres)**, *Marchez*.

● EXERCICES

1. TRADUISEZ LES PHRASES SUIVANTES.

a. Com podem arribar al Parc Güell?
....

b. Et recomano anar pel passeig de Gràcia.
....

c. Hem de calcular uns quants dies per visitar tota la ciutat.
....

d. Us recomano fer la ruta modernista a peu.
....

e. Des de l'avinguda, giri a la dreta i segueixi tot recte.
....

f. Acabem de sortir, la Sagrada Família és molt lluny.
....

2. ACCORDEZ LE VERBE ENTRE PARENTHÈSES À L'IMPÉRATIF.

a. (seguir) (tu) .... tot recte fins al carrer Nou.

b. (continuar) (nosaltres) .... pel carrer fins allà.

c. (girar) (vostè) .... a la dreta.

d. (anar) (vosaltres) .... fins a casa.

e. (caminar) (vostès) .... tot el dia.

3. ÉCOUTEZ L'ENREGISTREMENT ET COMPLÉTEZ LES PHRASES.

a. No sé si .... a la dreta o a l'............................ .

b. No us .... anar .... l'avinguda Diagonal.

c. És molt .... , ... tot recte.

d. .... el carrer i .... quinze minuts.

● VOCABULAIRE

aconsellar, *conseiller*
autobús, *bus*
agafar, *prendre*
arribar, *arriver*
avinguda, *avenue*
calcular, *calculer*
camí, *chemin*
caminar, *marcher*
desviar-se, *dévier*
dreta, *droite*
esquerra, *gauche*
fàcil, *facile*
fins, fins a, *jusqu'à*
font, *fontaine*
ganes, *envie*
girar, *tourner*
lleugerament, *légèrement*
lluny, *loin*
necessitar, *avoir besoin de, nécessiter*
plaça, *place*
recte, *droit*
travessar, *traverser*

4. VRAI OU FAUX ? ÉCOUTEZ LE DIALOGUE ET COCHEZ LA BONNE RÉPONSE.

a. La dona aconsella d'anar a peu fins a la Plaça Catalunya. ☐ VRAI ☐ FAUX

b. L'home prefereix anar a peu fins a la Plaça Catalunya. ☐ VRAI ☐ FAUX

c. La plaça Catalunya es troba al final de les Rambles. ☐ VRAI ☐ FAUX

d. La plaça Catalunya és gran i hi ha dues fonts. ☐ VRAI ☐ FAUX

21.
DANS UNE AGENCE BANCAIRE
A L'OFICINA BANCÀRIA

OBJECTIFS	NOTIONS
• LE VOCABULAIRE DE LA BANQUE • DEMANDER DES INFORMATIONS	• MASCULIN, FÉMININ : *EL LLUM, LA LLUM* • LE SUPERLATIF • LA PLACE DU PRONOM • L'IMPÉRATIF DES VERBES IRRÉGULIERS

OUVRIR UN COMPTE COURANT

<u>Employé de la banque</u> : Dites-moi, comment puis-je vous aider ?

<u>Andrea</u> : J'aimerais ouvrir un compte courant, s'il vous plaît.

<u>Employé de la banque</u> : Vous n'êtes pas encore notre cliente, n'est-ce pas ? Donnez-moi votre carte d'identité ou votre passeport et un justificatif de domicile. Vous devez remplir ce formulaire et me le retourner signé.

<u>Andrea</u> : Tout est là.

<u>Employé de la banque</u> : Merci. Laissez-moi vérifier les documents. Tenez, tout est en ordre.

<u>Andrea</u> : Que dois-je faire pour demander un prêt ?

<u>Employé de la banque</u> : Pour l'instant, vous devez domicilier vos revenus chez nous. Ensuite, il faudra prendre rendez-vous.

<u>Andrea</u> : Merci. Je souhaite aussi faire débiter *(domicilier)* sur mon compte le paiement de l'électricité, du gaz, de l'eau et du téléphone. D'ailleurs, je dois faire un virement à l'étranger. Est-ce possible ?

<u>Employé de la banque</u> : Oui, bien sûr.

<u>Andrea</u> : Quelle commission s'applique ?

<u>Employé de la banque</u> : Soyez rassurée, nos commissions sont les plus basses du marché. Je vous remettrai une brochure d'information avec tous les détails. Si vous avez des doutes, demandez-moi.

<u>Andrea</u> : C'est tout pour le moment.

<u>Employé de la banque</u> : Après demain, vous recevrez votre carte. Pour l'activer, vous devez passer par le distributeur et retirer de l'argent. Vous pouvez désormais transmettre vos coordonnées bancaires à votre entreprise et à vos fournisseurs.

23 OBRIR UN COMPTE CORRENT

<u>Empleat del banc</u>: Digui'm. En què el puc ajudar?

<u>Andrea</u>: Voldria obrir un compte corrent, si us plau.

<u>Empleat del banc</u>: Encara no és client nostre, oi? Doni'm el seu DNI o passaport i un justificant de domicili. Ha d'omplir aquest formulari i me l'ha de tornar signat.

<u>Andrea</u>: Aquí ho té tot.

<u>Empleat del banc</u>: Gràcies. Deixi'm verificar els documents. Tingui, tot està en ordre.

<u>Andrea</u>: Què he de fer per demanar un préstec?

<u>Empleat del banc</u>: De moment ha de domiciliar la seva nòmina al banc. Després, caldrà concertar una cita.

<u>Andrea</u>: Gràcies. També vull domiciliar el pagament dels rebuts de la llum, del gas, de l'aigua i del telèfon. Per cert, he de fer una transferència a l'estranger. És possible?

<u>Empleat del banc</u>: Sí, per descomptat.

<u>Andrea</u>: Quina comissió s'aplica?

<u>Empleat del banc</u>: Estigui tranquil·la, les nostres comissions són les més baixes del mercat. Li donaré un fulletó informatiu amb tots els detalls. Si té algun dubte, pregunti'm.

<u>Andrea</u>: De moment és tot.

<u>Empleat del banc</u>: Demà passat rebrà la seva targeta. Per activar-la, ha de passar pel caixer i retirar diners. Ara ja pot transmetre les seves dades bancàries a la seva empresa i als seus proveïdors.

COMPRENDRE LE DIALOGUE
FORMULES ET EXPRESSIONS

→ **Voldria**, *je voudrais*. Il s'agit du conditionnel du verbe **voler**, *vouloir*. Nous aurons bientôt l'occasion de l'étudier.
→ Le **DNI** (**Document Nacional d'Identitat**) correspond à notre carte d'identité. Pour toute démarche administrative, on vous demandera un **document d'identitat**, *pièce d'identité*.
→ **Nòmina**, *fiche de paie*. De manière plus générale, tous les revenus que l'on peut obtenir sont les **ingressos**, *revenus*. **A més del meu sou, tinc altres ingressos**, *En plus de mon salaire, j'ai d'autres revenus*.
→ **El rebut de la llum** (ou **el rebut de l'electricitat**), *la facture d'électricité*.
→ **Per descomptat,** *bien entendu*.
→ **Estigui tranquil·la**, *soyez tranquille, ne vous inquiétez pas*. Petit rappel : Le **l** géminé (**l·l**) est une particularité du catalan et se prononce comme un **l** redoublé, bien qu'il soit tombé en désuétude dans le langage courant.
→ **Targeta**, *carte*. Vous pouvez faire une demande pour une **targeta de crèdit**, *carte de crédit* ou pour une **targeta de dèbit**, *carte de débit* selon vos besoins.
→ **Treure diners**, *retirer de l'argent*. Pour faire un dépôt, nous dirons **ingressar diners** : **Ingresso cent euros al banc**, *Je fais un dépôt de cent euros à la banque*.

◆ GRAMMAIRE
MASCULIN, FÉMININ : *EL LLUM, LA LLUM*

Llum, *lumière*, est tantôt féminin tantôt masculin.

La llum fait référence à la forme d'énergie qui nous éclaire : **La llum de la Lluna és magnífica**, *La lumière de la lune est magnifique* ; **M'han tallat la llum**, *On m'a coupé l'électricité* ; **He rebut la factura de la llum**, *J'ai reçu la facture de l'électricité*.

El llum est masculin lorsqu'il désigne l'appareil qui sert à produire de la lumière : **Apago el llum de l'habitació**, *J'éteins la lumière de la pièce* ; **He deixat el llum encès**, *J'ai laissé la lumière allumée*.

LE SUPERLATIF

Le superlatif relatif attribut (*c'est le plus* + adjectif) suit la même forme que le français : **És el més interessant**, *C'est le plus intéressant*. Dans le dialogue : **Les nostres comissions són les més baixes del mercat**, *Nos commissions sont les plus basses du marché*. Lorsque l'adjectif est associé à un nom, le catalan n'utilise pas l'article une deuxième fois : **Són les commissions més baixes que he trobat**, *Ce sont les commissions les plus basses que j'ai trouvées.*

LA PLACE DU PRONOM

En catalan, les pronoms se placent généralement avant le verbe, à l'exception de l'infinitif, de l'impératif et du gérondif. Dans ce dialogue, nous avons rencontré :

- **El puc ajudar?**, *Puis-je l'aider ?* Dans ce cas, le pronom **el**, *le* peut être placé avant **puc**, *je peux* ou après l'infinitif **ajudar**, *aider* : **Puc ajudar-lo?** *Puis-je l'aider ?*

- **Per activar-la**, *pour l'activer*. Ici, le pronom ne peut être placé qu'après le verbe à l'infinitif.

- **Me l'ha de tornar**, *Vous devez me le rendre*. Il s'agit ici d'un double pronom **-me** et **-l** (contraction de **-el**). Dans ce cas, il est placé devant l'auxiliaire « avoir » mais il peut aussi être placé après l'infinitif : **Ha de tornar-me'l**, *Vous devez me le rendre.*

Vous le savez maintenant, à l'impératif le pronom est toujours placé après le verbe, comme nous l'avons vu dans le dialogue : **Digui'm (a mi)**, *Dites-moi* ; **Doni'm (a mi)**, *Donnez-moi* ; **Deixi'm (a mi)**, *Laissez-moi* ; **Prenguti'm**, *Demandez-moi.*

▲ CONJUGAISON
L'IMPÉRATIF DES VERBES IRRÉGULIERS

Voici quelques verbes irréguliers présents dans le dialogue et d'usage courant : **dir**, *dire* ; **estar**, *être*.

Dir, *dire*	**Estar,** *être*
digues (tu), *dis*	**estigues,** *sois*
digui (vostè), *dites*	**estigui,** *soyez*
diguem (nosaltres), *disons*	**estiguem,** *soyons*
digueu (vosaltres), *dites*	**estigueu,** *soyez*
diguin (vostès), *dites*	**estiguin,** *soyez*

● EXERCICES

1. TRADUISEZ LES PHRASES SUIVANTES EN FRANÇAIS.

a. M'ha de tornar signat aquest formulari.
....

b. Vull demanar un préstec.
....

c. Doni'm el seu passaport.
....

d. Aquest banc és el més interessant.
....

2. TRADUISEZ LES PHRASES SUIVANTES EN CATALAN.

a. Comment puis-je vous aider ?
....

b. Voici le justificatif de domicile.
....

c. Bien entendu.
....

3. REFORMULEZ CES PHRASES À L'IMPÉRATIF.

a. Vostè m'ajuda. → .... (vostè).

b. Tu em deixes. → .... (tu).

c. Vostè em dona el passaport. → .... (vostè) el passaport.

4. ÉCOUTEZ L'ENREGISTREMENT ET COMPLÉTEZ LES PHRASES.

a. Per activar la targeta, ha de treure diners del ....

b. Quan .... la meva targeta?

c. He de domiciliar la meva .... al banc.

5. VRAI OU FAUX ? ÉCOUTEZ LE DIALOGUE ET COCHEZ LA BONNE RÉPONSE.

a. La Imma i el Pep van al banc.	☐ VRAI	☐ FAUX
b. La Imma vol demanar un préstec al banc.	☐ VRAI	☐ FAUX
c. El Pep té la nòmina domiciliada al banc.	☐ VRAI	☐ FAUX
d. La Imma agafa la targeta i el DNI del Pep.	☐ VRAI	☐ FAUX

VOCABULAIRE

activar, *activer*
comissió, *comission*
concertar [una cita], *prendre [rendez-vous]*
compte corrent, *compte courant*
deixar, *laisser, prêter*
detall, *détail*
diners, *argent*
domiciliar, *domicilier*
donar, *donner*
dubte, *doute*
empleat, *employé*
estranger, *étranger*
formulari, *formulaire*
gas, *gaz*
ingrés, *dépôt*
ingressar, *faire un dépôt*
llum (el), *la lumière* (l'appareil)
llum (la), *la lumière* (l'énergie)
nòmina, *fiche de paye*
oficina, *agence, bureau*
omplir, *remplir*
ordre, *ordre*
pagament, *paiement*
passaport, *passeport*
passar, *passer*
preguntar, *demander*
préstec, *prête*
proveïdor, *fournisseur*
rebre, *recevoir*
signar, *signer*
telèfon, *téléphone*
tranquil/tranquil·la, *tranquil/le*
transferència, *virement*
per descomptat, *bien entendu, bien sûr*

NOTE CULTURELLE

Au cours du XIXe siècle et début du XXe siècle, la Catalogne a été le théâtre d'un processus d'industrialisation, porté notamment par l'essor de l'industrie textile et la mise en place d'un réseau ferroviaire. Les filières du coton, de la soie et de la laine ont été au cœur de cette dynamique industrielle. Cette expansion manufacturière a profondément modifié le paysage urbain de Barcelone et d'autres localités de la région. De nos jours, les vestiges de ce passé industriel se retrouvent dans la ville, transformés en musées, écoles ou encore de gymnases.

IV

LES

LOISIRS

22.
BONNE ANNÉE
BON ANY

OBJECTIFS	NOTIONS

- LE VOCABULAIRE DE NOËL
- PARLER DES FÊTES
- CONNAÎTRE LES TRADITIONS DE FIN D'ANNÉE
- FÉLICITER QUELQU'UN

- LA FORMATION DU PLURIEL (2)
- LE VERBE *AGRADAR*

TRADITIONS DE NOËL

Estrella : Bonne année, Fabrice ! Comment as-tu passé les fêtes de Noël ?

Fabrice : Heureuse année, Estrella ! J'ai passé un très bon moment !

Estrella : Et qu'est-ce que les Rois mages t'ont apporté ? Du charbon ?

Fabrice : Ni charbon ni jouet, mais j'ai vu la cavalcade avec les carrosses, les Rois mages et les pages. Impressionnant !

Estrella : La *Nuit des rois* est la préférée des enfants.

Fabrice : Pour le réveillon de Noël, nous avons fait le *caga tió* [tison de Noël]. Trop drôle ! Puis, je suis allée avec des amies écouter le chant de la Sybille. J'aime les traditions !

Estrella : Magnifique ! Nous avons passé la veille de Noël à la maison, le 24 au soir. Et le lendemain, nous avons mangé de *l'escudella i carn d'olla*.

Fabrice : Le 26, nous avons aussi célébré la Saint-Étienne et j'ai enfin goûté aux traditionnels cannellonis. Délicieux !

Estrella : Wow, je vois que tu as tout célébré ! Je suis rassasiée *(calée/remplie)* de tourons ! Celui d'Alicante est mon préféré, mais celui de Xixona me plaît aussi beaucoup.

Fabrice : Je n'aime pas vraiment le(s) touron(s). Ils sont trop sucrés. Je préfère les *neules* et les *polvorons*. D'ailleurs, as-tu vu la crèche originale qui se trouve sur la Place Sant Jaume ? J'ai eu du mal à trouver le *caganer* !

Estrella : Le *caganer* ne peut jamais manquer ! Tu ne m'as toujours pas dit ce que vous avez fait pour le réveillon du Nouvel An.

Fabrice : Nous avons mangé les douze raisins qui marquent la tradition, un grain par son de cloche ! Comme le dit le dicton : « Manger du raisin le soir du Nouvel An rapporte de l'argent toute l'année ».

Estrella : D'ailleurs, j'ai gagné à la loterie de la Grossa : 100 euros !

Fabrice : Félicitations !

TRADICIONS NADALENQUES

Estrella: Bon any nou, Fabrice! Com has passat les festes de Nadal?

Fabrice: Feliç any, Estrella! M'ho he passat molt i molt bé!

Estrella: Què t'han portat els Reis Mags? Carbó?

Fabrice: Ni carbó ni joguines, però vaig veure la cavalcada, amb les carrosses, els Reis Mags i els patges. Impressionant!

Estrella: La Nit de Reis és la preferida dels nens.

Fabrice: Per la revetlla de Nadal vam fer el caga tió. Què divertit! Després vaig anar amb unes amigues a escoltar el Cant de la Sibil·la. M'agraden les tradicions!

Estrella: Magnífic! Nosaltres vam fer la revetlla a casa, el vint-i-quatre al vespre. I l'endemà, vam menjar escudella i carn d'olla.

Fabrice: Nosaltres el vint-i-sis també vam celebrar Sant Esteve i per fi vaig tastar els tradicionals canalons. Deliciosos!

Estrella: Vaja, veig que ho has celebrat tot! Estic embafada de torrons! El d'Alacant és el meu preferit, però el de Xixona també m'agrada força.

Fabrice: A mi els torrons no m'agraden gaire, són massa dolços. Prefereixo les neules i els polvorons. Per cert, has vist quin pessebre més original hi ha a la Plaça Sant Jaume? Em va costar trobar el caganer!

Estrella: El caganer no pot faltar mai! Encara no m'has dit què vau fer per Cap d'Any.

Fabrice: Vam menjar els dotze grans de raïm que marca la tradició, un gra per campanada! Ja ho diu la dita: "Menjar raïm per Cap d'Any porta diners tot l'any".

Estrella: Per cert, a mi em va tocar la Grossa : cent euros!

Fabrice: Enhorabona!

COMPRENDRE LE DIALOGUE
FORMULES ET EXPRESSIONS

→ **Els turrons són massa dolços**, *Les tourons est trop sucrés*. **Dolç, dolça, dolços, dolces** est un adjectif a double sens, *doux* et *sucré* : **És un nen molt dolç**, *C'est un enfant très doux*. Attention, pour *doux*, nous avons également **suau** : **Una pell suau**, *une peau douce*.

→ **La Grossa de Cap d'Any**, *la Grossa [loterie] de fin d'année*, est une loterie de Noël organisée en Catalogne, le 31 décembre.

→ **Menjar raïm per Cap d'Any porta diners tot l'any**, *Manger du raisin le soir du Nouvel An rapporte de l'argent toute l'année* : dicton qui fait référence à la tradition de manger du raisin le soir de la Saint-Sylvestre. L'origine de cette tradition demeure quelque peu floue, mais elle pourrait remonter à Valence en 1909, à la suite d'une récolte exceptionnelle. Manger des raisins est un symbole de prospérité et d'abondance, ou du moins du désir d'en avoir.

NOTE CULTURELLE

Noël est très célébré en Catalogne, débutant plusieurs semaines à l'avance avec la **Fira de Santa Llúcia**. Cette *Foire de Santa Llúcia* propose la vente de sapins de Noël et de santons. Le réveillon de Noël, le 24 décembre, marque le début des festivités avec une drôle de tradition : les enfants font **cagar el tió**, *chier le tió*. Le **tió** est une bûche de bois décorée et nourrie (avec des clementines, des biscuits, une boisson…) les jours précédents. Le jour J, les enfants tapent la bûche à l'aide de bâtons tout en entonnant une chanson, jusqu'à ce que le **tió** lâche un cadeau. Une autre tradition est le **Cant de la Sibil·la**, *le chant de la Sibylle*, qui se célèbre à Majorque et quelques églises de la Catalogne, et qui, d'après la tradition, donne les signes qui annonceront la fin des temps.

Le repas traditionnel de Noël, le 25 décembre, se distingue par la préparation de l'**escudella** et **carn d'olla**, un ragoût de viande et de légumes relevé à l'ail et au persil, et de poulet farci. Le lendemain, le 26 décembre, c'est la Saint-Étienne, jour férié en Catalogne. À midi, les familles mangent des cannellonis, préparés avec les restes du repas de Noël. Le 28 décembre, c'est les Saints Innocents, une journée rappelant quelque peu le 1er avril en France. Pour dire au revoir à l'année, le 31 décembre, la tradition exige de manger douze raisins. Enfin, le 5 janvier, c'est le jour préféré des enfants : les Rois mages arrivent de l'Orient, apportant des présents aux enfants pendant leur sommeil…

◆ GRAMMAIRE
FÉLICITER QUELQU'UN

Nous savons comment féliciter quelqu'un, notamment lors de son anniversaire : **felicitats**, *félicitations* ; **per molts anys**, *joyeux anniversaire*… Il existe d'autres formules pour féliciter quelqu'un : **enhorabona**, *félicitations*. Nous utilisons **enhorabona** lors de la naissance d'un enfant, pour un mariage, à la suite de la réussite d'un examen, d'une soutenance d'un mémoire ou d'une thèse, etc. Pour célébrer la période de Noël et la fin de l'année, les formulations abondent également : **Bones festes!**, *Bonnes fêtes !* ; **Bon Nadal!**, *Joyeux Noël !* ; **Bon Any!**, *Bonne Année !* ; **Feliç Any!**, *Joyeux Noel !* À Ibiza et Formentera, une expression fréquemment entendue pour présenter ses vœux à quelqu'un est **Molts anys i bons!**, *Félicitations* (litt. « Beaucoup d'années et de bonheur »)*!*

LA FORMATION DU PLURIEL

Dans ce dialogue nous rencontrons beaucoup de mots au pluriel, parmi d'autres : **les festes**, *les fêtes* ; **les carrosses**, *les carrosses* ; **els nens**, *les enfants* ; **les tradicions**, *les traditions* ; **els torrons**, *les tourons* ; **els polvorons**, *les sablés* ; **els grans**, *les grains*. Nous avons précédemment abordé la formation du pluriel, mais il est opportun de rappeler, ici, les règles fondamentales.

En général, la règle veut que l'on ajoute un **s** pour former le pluriel des noms : **el nen**, **els nens**, *l'enfant, les enfants.*

Pour les noms se terminant par **-a**, un **e** est ajouté devant le **s** au pluriel : **la festa**, **les festes**, *la fête, les fêtes* ; **la carrossa**, **les carrosses**, *le carrosse, les carrosses*.

Mais les mots se terminent par **-ga** voient leur orthographe changer au pluriel, **-gues** : **l'amiga**, **les amigues**, *l'amie, les amies*.

Nous avons également déjà rencontré d'autres exemples de changement d'orthographe dans des dialogues précédents, tels que : **ca**, **ça**, **ja**, **gua**, **qua** : **la tasca**, **les tasques**, *la tâche, les tâches* ; **la plaça**, **les places**, *la place, les places* ; **la platja**, **les platges**, *la plage, les plages* ; **la llengua**, **les llengües**, *la langue, les langues* ; **la Pàsqua**, **les Pàsqües**, *Pâques*.

Le pluriel des mots se terminant par une voyelle accentuée se forme en ajoutant **-ns** : **el torró**, **els torrons**, *le touron, les tourons* ; **el polvoró**, **els polvorons**, *le sablé, les sablés*.

▲ CONJUGAISON
LE VERBE *AGRADAR*

Le verbe **agradar**, *plaire* qui s'accorde avec l'objet à qui il se réfère plutôt qu'avec la personne, a été abordé à plusieurs reprises. Nous avions souligné l'accord avec un objet au singulier, par exemple : **M'agrada el raïm**, *J'aime le raisin*. Voici maintenant pour l'accord au pluriel : **T'agraden els turrons?**, *Aimes-tu les tourons ?*

agradar, *plaire*	
(A mi) M'agraden les neules.	(Moi,) J'aime les neules.
(A tu) T'agraden els polvorons.	(Toi,) Tu aimes les sablés de Noël.
(A ell/ A ella/ A vostè) Li agraden els torrons.	(Lui/Elle,) Il/Elle aime les tourons.
(A nosaltres) Ens agraden les festes.	(Nous,) Nous aimons les fêtes.
(A vosaltres) Us agraden els regals.	(Vous,) Vous aimez les cadeaux.
(A ells/ A elles/ A vostès) Els agraden les tradicions.	(Eux/Elles,) Ils/Elles aiment les traditions.

D'autres verbes qui fonctionnent comme **agradar**, *plaire*, et que nous avons déjà croisés précédemment tels **desagradar**, *deplaire* ; **encantar**, *enchanter* ; **interessar**, *intéresser* ; **doldre**, *regretter* : **Ens encanten els regals**, *Nous adorons les cadeaux* ; **Li interessen les tradicions**, *Il est intéressé par les traditions* ; **Em dol no poder veure la família**, *Je regrette ne pas pouvoir voir la famille*.

VOCABULAIRE

Any Nou, *Nouvel An*
campana, *cloche*
campanada, *clocher*
canalons, *cannelloni*
Cap d'Any, *fin d'année*
carbó, *charbon*
carrossa, *carrosse*
cent, *cent*
dibuix, *dessin*
diners, *argent*
dita, *dicton*
dolç, *sucré, doux*
divertit, *amusant*
embafat/embafada, *très rempli/e*
endemà (l'), *le lendemain (le)*
escoltar, *écouter*
força, *force*

gra/grans, *grain/s*
gros/grossa, *gros/grosse*
igualment, *également*
impressionant, *impressionant*
magnífic, *magnifique*
Nit de Reis, *Nuit des rois*
passat, *passé*
patge, *page (un)*
pessebre, *crèche*
plaça, *place*
Reis Mags, *Rois mages*
revetlla, *réveillon*

Bon any!, *Bonne année !*
Feliç any!, *Heureuse année !*
Molts anys i bons!, *Félicitations !*

● EXERCICES

1. TRADUISEZ LES PHRASES SUIVANTES EN FRANÇAIS.

a. Bon any! Què t'han portat els Reis Mags?
→ ....
b. A Catalunya ens agrada celebrar Nadal i Sant Esteve.
→ ....
c. Estem embafats de torrons i polvorons.
→ ....
d. M'ha costat trobar el caganer al pessebre.
→ ....
e. Aquest és el meu primer Cap d'Any a Catalunya.
→ ....

2. ÉCRIVEZ CES PHRASES AU PLURIEL.

a. A la meva amiga li agrada aquesta tradició.
→ ....
b. Per Nadal, podem visitar l'exposició.
→ ....
c. Aquest torró és molt dolç.
→ ....
d. M'agrada aquesta platja, podem fer la festa aquí.
→ ....

🔊 3. ÉCOUTEZ L'ENREGISTREMENT ET COMPLÉTEZ AVEC LES MOTS QUI MANQUENT.
24

a. Feliç any! Hem .... el Nadal a Catalunya.
b. La .... de Nadal vam fer cagar el tió.
c. He menjat massa .... , estic embafat.
d. En aquest .... falta el caganer.
e. Has vist la .... de Reis? Impressionant!
f. Aquestes tradicions son molt ....
g. Per Cap d'Any vam menjar ....

🔊 4. VRAI OU FAUX ? ÉCOUTEZ LE DIALOGUE ET COCHEZ LA BONNE RÉPONSE.
24

a. El Josep no va posar el caganer al pessebre.	☐ VRAI	☐ FAUX
b. El Josep va anar a la cavalcada de Reis.	☐ VRAI	☐ FAUX
c. Al Josep li agrada fer cagar el tió.	☐ VRAI	☐ FAUX
d. Al Josep i a la Maria els agraden les festes de Nadal.	☐ VRAI	☐ FAUX

23. RÉSERVER UN HÔTEL

FER UNA RESERVA D'HOTEL

OBJECTIFS

- FAIRE UNE RÉSERVATION
- POSER DES QUESTIONS
- PARLER DE GASTRONOMIE

NOTIONS

- LES CHIFFRES : COMPTER (2)
- VERBES : LE CONDITIONNEL
- VERBES : LE PRÉSENT DE L'INDICATIF DE *PLAURE* ET *SABER GREU*

UNE CHAMBRE DOUBLE

<u>Réceptionniste</u> : Hôtel Unicorn, je vous écoute *(vous direz ?)*.

<u>Cliente</u> : Bonsoir, je voudrais réserver une chambre double pour la semaine prochaine.

<u>Réceptionniste</u> : Parfait. Quel jour prévoyez-vous d'arriver ?

<u>Cliente</u> : Nous arriverions le jeudi 3 avril et repartirions le dimanche 6.

<u>Réceptionniste</u> : Entendu. Une chambre avec deux lits simples ?

<u>Cliente</u> : Je préférerais un lit deux places *(matrimonial)*, s'il vous plaît. D'ailleurs, mon mari est en fauteuil roulant. Pourriez-vous me confirmer qu'il y a un ascenseur ?

<u>Réceptionniste</u> : L'ensemble de l'hôtel est adapté aux personnes à mobilité réduite. La chambre aussi.

<u>Cliente</u> : Très bien. Et en cas d'annulation de la réservation, quel serait le délai pour le faire sans frais ?

<u>Réceptionniste</u> : Au plus tard, il faudrait nous prévenir *(vous devriez nous le dire)* 48 h à l'avance. Passé ce délai, une nuitée serait débitée de votre carte de crédit.

<u>Cliente</u> : J'en tiendrai compte. Combien coûte la chambre ?

<u>Réceptionniste</u> : J'ai le plaisir de vous informer que nous avons une offre. Elle est à 75 euros la nuit. Cela fait un total de 225 euros.

<u>Cliente</u> : Merci. J'aimerais également savoir si le petit-déjeuner est inclus dans ce prix.

<u>Réceptionniste</u> : Je suis désolé, mais le petit déjeuner n'est pas inclus, il coûte 9 euros par personne et par jour. Je vous conseille *(conseillerais)* de goûter notre buffet.

<u>Cliente</u> : Merci, pour le moment nous n'en aurons pas besoin.

25 — UNA HABITACIÓ DOBLE

Recepcionista: Hotel Unicorn, digui?

Clienta: Bona tarda, voldria reservar una habitació doble per a la setmana que ve.

Recepcionista: Perfecte. Quin dia tenen previst d'arribar?

Clienta: Arribaríem el dijous 3 (tres) d'abril i marxaríem el diumenge 6 (sis).

Recepcionista: D'acord. Una habitació amb dos llits individuals?

Clienta: M'estimaria més un llit de matrimoni, si us plau. Per cert, el meu marit va en cadira de rodes. Em podria confirmar que hi ha ascensor?

Recepcionista: Tot l'hotel està adaptat a persones amb mobilitat reduïda. L'habitació també.

Clienta: Molt bé. I en cas de cancel·lar la reserva, quin seria el termini per fer-ho sense cap càrrec?

Recepcionista: Com a molt, ens ho hauria de dir amb 48 (quaranta-vuit) hores d'antelació. Passat aquest termini, es carregaria una nit d'estada a la seva targeta de crèdit.

Clienta: Ho tindré en compte. Quin preu té l'habitació?

Recepcionista: Em plau comunicar-li que tenim una oferta. Són 75 (setanta-cinc) euros per nit. Això fa un total de 225 (doscents vint-i-cinc) euros.

Clienta: Gràcies. També m'agradaria saber si l'esmorzar està inclòs en aquest preu.

Recepcionista: Em sap greu, però l'esmorzar no està inclòs, són 9 (nou) euros per persona i dia. Jo li aconsellaria tastar el nostre bufet.

Clienta: Gràcies, de moment no cal.

■ COMPRENDRE LE DIALOGUE
FORMULES ET EXPRESSIONS

→ **Digui**, *dites*, impératif de **dir**, *dire*. Alors qu'en français, nous avons l'habitude de dire *allô* ; en catalan, nous utiliserons l'impératif du verbe *dire*.
→ **La setmana que ve**, *la semaine prochaine* : **que ve**, *qui vient*. Nous pouvons également dire **La setmana vinent** ou **La propera setmana**.
→ **Em plau comunicar-li**, *J'ai le plaisir de vous informer*. **Em plau + infinitiu** est une formule habituelle de politesse.
→ **Com a molt**, *au mieux*, et **tenir en compte**, *tenir compte*, sont des formulations habituelles en catalan.
→ **Habitació doble amb llit de matrimoni**, *chambre double avec lit matrimonial*. En catalan, on utilise souvent la notion de **llit de matrimoni**, *lit matrimonial*, au lieu de **llit doble**, *lit double*, qui existe également.

NOTE CULTURELLE

Les Pays Catalans se distinguent par leur vaste choix d'hébergements, offrant ainsi une diversité remarquable pour répondre aux préférences et aux budgets de chaque visiteur. Que vous voyagiez en solo, en couple, entre amis ou en famille, vous trouverez une panoplie d'options allant des hôtels étoilés aux logements éco-touristiques, en passant par les villégiatures ou les locations d'appartements. Que vous préfériez une escapade à la plage, une retraite en montage, une immersion urbaine ou une découverte de villages pittoresques, les terres catalanes sauront satisfaire tous les goûts. Allez à Tossa de Mar, Besalú, Cadaqués ou Siurana, vous n'en serez pas déçus !

◆ GRAMMAIRE
LES CHIFFRES : COMPTER

Nous avons déjà appris à compter. Pour rappel, nous insérons un trait d'union entre les dizaines et les unités, ainsi qu'entre les unités et les centaines. Les nombres cardinaux restent invariables à l'exception de **un**, *un*, qui devient **una**, *une*, au féminin (ainsi que dans les composés tels que **trenta-un**, *trente et un* → **trenta-una**, *trente et une*) ; **dos**, *deux*, qui devient **dues**, et les multiples de **cent**, *cent*, qui prennent la forme feminine : **dues-centes**, *deux cents* ; **set-centes**, *sept cents*, etc.

Voici les nombres à partir de 40 :

40 **quaranta**, *quarante*
41 **quaranta-un**, *quarante et un*
42 **quaranta-dos**, *quarante-deux*
43 **quaranta-tres**, *quarante-trois*
44 **quaranta-quatre**, *quarante-quatre*

45 **quaranta-cinc**, *quarante-cinq*
46 **quaranta-sis**, *quarante-six*
47 **quaranta-set**, *quarante-sept*
48 **quaranta-vuit**, *quarante-huit*
49 **quaranta-nou**, *quarante-neuf*

50 **cinquanta**, *cinquante*

51 **cinquanta-un, cinquanta-una**, *cinquante et un, cinquante et une*

52 **cinquanta-dos**, *cinquante-deux…*

60 **seixanta**, *soixante*

61 **seixanta-un, seixanta-una,** *soixante et un, soixante et une…*

70 **setanta**, *soixante-dix*
80 **vuitanta**, *quatre-vingt*
90 **noranta**, *quatre vingt-dix*
100 **cent**, *cent*

101 **cent un, cent una**, *cent un, cent une*

110 **cent deu**, *cent dix*
121 **cent vint-i-un, cent vint-i-una**, *cent vingt et un, cent vingt et une*
200 **dos-cents, dos-centes**, *deux cents*
300 **tres-cents, tres-centes**, *trois cents*
400 **quatre-cents, quatre-centes**, *quatre cents*
500 **cinc-cents, cinc-centes**, *cinq cents*
600 **sis-cents, sis-centes**, *six cents*
700 **set-cents, set-centes**, *sept cents*

732 **set-cents trenta-dos, set-centes trenta-dues**, …, *sept cent trente-deux…*

800 **vuit-cents, vuit-centes**, *huit cents*
900 **nou-cents, nou-centes**, *neuf cents*

▲ CONJUGAISON
LE CONDITIONNEL

La formation du conditionnel présente des similitudes avec le futur, se composant d'un radical suivi d'une terminaison. Ici, la terminaison commune à toutes les conjugaisons est empruntée à l'imparfait du verbe **haver**, *avoir* → havia (**-ia**, **-ies**, **-ia**, **-íem**, **-íeu**, **-ien**).

Arribar, *arriver* 1ʳᵉ conjugaison*	**Perdre**, *perdre* **Témer**, *craindre* 2ᵉ conjugaison**	**Servir**, *servir* 3ᵉ conjugaison
jo arribaria, *j'arriverais*	**jo perdria**, *je perdrais* **jo temeria**, *je craindrais*	**jo serviria**, *je servirais*
tu arribaries, *tu arriverais*	**tu perdries**, *tu perdrais* **tu temeries**, *tu craindrais*	**tu serviries**, *tu servirais*
ell/ella/vostè arribaria, *il/elle/on arriverait*	**ell/ella/vostè perdria**, *il/elle/on perdrait* **ell/ella/vostè temeria**, *il/elle/on craindrait*	**ell/ella/vostè serviria**, *il/elle/on servirait*
nosaltres arribaríem, *nous arriverions*	**nosaltres perdríem**, *nous perdrions* **nosaltres temeríem**, *nous craindrions*	**nosaltres serviríem**, *nous servirions*
vosaltres arribaríeu, *vous arriveriez*	**vosaltres perdríeu**, *vous perdriez* **vosaltres temeríeu**, *vous craindriez*	**vosaltres serviríeu**, *vous serviriez*
ells/elles/vostès arribarien, *ils/elles arriveraient*	**ells/elles/vostès perdrien**, *ils/elles perdraient* **ells/elles/vostès temerien**, *ils/elles craindraient*	**ells/elles/vostès servirien**, *ils/elles serviraient*

* Pour la première conjugaison, le radical coincide avec l'infinitif.

** Pour la deuxième conjugaison, le conditionnel se conjugue selon deux modèles : **perdre**, *perdre* ; ici, le radical est **perd-** ; **témer**, *craindre*, ici, le radical coincide avec l'infinitif, **témer**.

Toutefois, certains verbes adoptent un radical irrégulier dans leur conjugaison. Dans ce dialogue, c'est le cas notamment pour :

- **poder**, *pouvoir* (**jo pod**r**ia**, **tu pod**r**ies**, **...**), avec le radical **podr-** ;
- **voler**, *vouloir* (**jo vol**dr**ia**, **tu vol**dr**ies**, **...**), avec le radical **vold-** ;
- **haver**, *avoir* (**jo ha**ur**ia**, **tu ha**ur**ies**, **...**), avec le radical **hau-**.

En catalan, nous faisons usage du conditionnel dans diverses situations. Voici quelques emplois habituels :

- pour exprimer la courtoisie : **Voldria reservar una habitació**, *J'aimerais réserver une chambre* ;
- pour exprimer un souhait ou une préférence : **M'éstimaria més una habitació individual**, *Je préférerais une chambre individuelle* ;
- pour exprimer une action hypothétique pour l'avenir : **Arribaríem dijous i marxaríem diumenge**, *Nous arriverions jeudi et partirions dimanche* ;
- pour donner des conseils : **Li aconsellaria provar l'esmorzar**, *Je vous conseillerais de goûter notre petit déjeuner*.

LE PRÉSENT DE L'INDICATIF DE *PLAURE* « PLAIRE » ET *SABER GREU* « ÊTRE DÉSOLÉ/E »

Les verbes **plaure**, *plaire*, et **saber greu**, *être désolé/e* appartiennent à la catégorie des verbes dits « psychologiques », qui suivent la même conjugaison que d'autres verbes que nous maîtrisons déjà, tels que **agradar**, *plaire* ; **encantar**, *enchanter* ; **interessar**, *intéresser* et **doldre**, *regretter*.

plaure, *plaire*	
(a mi) em plau, **em plauen**, *(moi,) j'aime*	**(a mi) em sap greu**, *je suis désolé/e*
(a tu) et plau, **et plauen**, *(toi,) tu aimes*	**(a tu) et sap greu**, *tu es désolé/e*
(a ell/ a ella/ a vostè) li plau, **li plauen**, *(lui/elle,) il/elle aime*	**(a ell/a ella/a vostè) li sap greu**, *il/elle est désolé/e*
(a nosaltres) ens plau, **ens plauen**, *(nous,) nous aimons*	**(a nosaltres) ens sap greu**, *nous sommes désolés/e/s*
(a vosaltres) us plau, **us plauen**, *(vous,) vous aimez*	**(a vosaltres) us sap greu**, *vous êtes désolés/e/s*
(a ells/ a elles/ a vostès) els plau, **els plauen**, *(eux/elles,) ils/elles aiment*	**(a ells/ a elles/ a vostès) els sap greu**, *ils/elles sont désolés/e/s*

● EXERCICES

1. TRADUISEZ EN CATALAN LES PHRASES SUIVANTES.

a. J'aimerais réserver une chambre.
→ ....

b. Quel jour prévoyez-vous d'arriver ?
→ ....

c. Mon mari est en fauteuil roulant.
→ ....

d. Je suis désolé. J'arrive la semaine prochaine.
→ ....

e. Le petit déjeuner n'est pas inclus.
→ ....

2. ÉCRIVEZ LES CHIFFRES SUIVANTS EN TOUTES LETTRES.

a. 45 → ....

b. 58 → ....

c. 67 → ....

d. 76 → ....

e. 88 → ....

f. 99 → ....

g. 125 → ....

3. CONJUGUEZ AU CONDITIONNEL LE VERBE ENTRE PARENTHÈSES.

a. (arribar) La meva amiga .... a les set.

b. (perdre) Jo no em .... l'exposició, és molt interessant.

c. (voler) [Nosaltres] .... reservar dues habitacions.

d. (servir) Això no .... de res.

e. (haver) Tu no .... de parlar.

f. (poder) Vostè .... reservar una habitació.

VOCABULAIRE

ascensor, *ascenseur*
cadira, *chaise*
cadira de rodes, *chaise roulante*
cancel·lar, *annuler*
càrrec, *frais, charge, poste*
carregar, *débiter, charger*
confirmar, *confirmer*
habitació individual/doble, *chambre individuelle/double*
llit de matrimoni, *lit matrimoniale*
marit, *mari*
preveure, *prévoir*
recepcionista, *réceptionniste*
reservar, *réserver*
termini, *délai*
estada, *séjour*

com a molt, *au mieux, au maximum*
tenir en compte, *tenir compte, prendre en compte*

4. ÉCOUTEZ L'ENREGISTREMENT ET COMPLÉTEZ AVEC LES MOTS QUI MANQUENT.

a. Voldria .... una habitació individual.

b. Ho tindré en ....

c. L' .... està inclòs en el preu.

d. Té un cost de .... euros.

e. .... més un llit individual.

5. VRAI OU FAUX ? ÉCOUTEZ LE DIALOGUE ET COCHEZ LA BONNE RÉPONSE.

a. La réservation est pour le prochain week-end.   ☐ VRAI   ☐ FAUX

b. Le client réserve une chambre individuelle.   ☐ VRAI   ☐ FAUX

c. Le prix de la chambre est de 90 euros.   ☐ VRAI   ☐ FAUX

d. Le petit-déjeuner coûte dix euros.   ☐ VRAI   ☐ FAUX

24. SPORTS D'AVENTURE

ESPORTS D'AVENTURA

OBJECTIFS

- PARLER DE SPORT
- FAIRE DES PROPOSITIONS
- PLANIFIER DES ACTIVITÉS

NOTIONS

- L'OBLIGATION : *HAVER-SE DE* + INFINITIF
- *SI NO* ET *SINÓ*
- LE VERBE *SONAR*

UN VOL EN MONTGOLFIÈRE ?

<u>Aram</u> : Il faut préparer le cadeau d'anniversaire de Miquel. Que penses-tu de lui offrir un tour *(vol)* en montgolfière ?

<u>Martina</u> : Ça a l'air très intéressant ! Il aime beaucoup les sports d'aventure.

<u>Aram</u> : Le vol *(Monter)* en montgolfière est-il un sport extrême ? Si tu préfères quelque chose de plus risqué, que dirais-tu de faire du saut à l'élastique ?

<u>Martina</u> : Je n'ai jamais fait de saut à l'élastique. Quelle angoisse ! Une fois, j'étais sur le point de sauter en parachute, mais je n'ai pas osé.

<u>Aram</u> : Il faut faire attention et être prudent. Nous devons garder à l'esprit que c'est dangereux.

<u>Martina</u> : Exact. Je ne veux pas souffrir mais m'amuser. Sinon, nous pourrions aussi faire une via ferrata.

<u>Aram</u> : Je n'ai jamais fait de via ferrata. Ce serait génial de la faire tous les trois ensemble.

<u>Martina</u> : Nous devrions bien nous renseigner à l'avance. J'en serais ravie.

<u>Aram</u> : Nous pourrions bien le préparer, c'est une bonne surprise.

<u>Martina</u> : Alors, qu'est-ce qu'on fait au final ?

<u>Aram</u> : Et si, au lieu d'une via ferrata, on partait en balade *(sortie)* en voilier ? Miquel adore naviguer.

<u>Martina</u> : Bon, d'accord ! Cela me convient. Je vais me renseigner sur le prix des locations de bateaux.

<u>Aram</u> : Quelle émotion !

26 VOL EN GLOBUS?

Aram: S'ha de preparar el regal d'aniversari del Miquel. Què et sembla, regalar-li un vol en globus?

Martina: Sona molt interessant! Els esports d'aventura li agraden força.

Aram: Pujar en globus és un esport extrem ? Si prefereixes una cosa més arriscada, què et semblaria fer pònting?

Martina: Mai no he fet un salt de pont. Quina angoixa! Un cop vaig estar a punt de saltar en paracaigudes, però no em vaig atrevir.

Aram: S'ha d'anar amb compte i ser prudent. Hem de tenir en compte que és perillós.

Martina: Exacte. Jo no vull patir, sinó divertir-me. Si no, també podríem fer una via ferrata.

Aram: Jo no he fet mai una via ferrata. Seria genial fer-la els tres junts.

Martina: Ens n'hauríem d'informar bé abans. A mi em faria molta il·lusió.

Aram: Podríem preparar-ho bé, és una bona sorpresa.

Martina: Al final què fem, doncs?

Aram: I si en comptes d'una via ferrata fem una sortida en veler? Al Miquel li encanta navegar.

Martina: Bé, doncs d'acord! Em sembla bé. M'informaré del preu dels lloguers de vaixell.

Aram: Quina emoció!

■ COMPRENDRE LE DIALOGUE
FORMULES ET EXPRESSIONS

→ **Anar amb compte**, *aller avec précaution*, *faire attention*, est une locution adverbiale qui suggère de faire quelque chose avec attention en étant conscient des éventuels dangers ou difficultés. À ne pas confondre, donc, avec **tenir en compte**, *tenir compte de*, *prendre en compte*, dans le sens de « prendre en considération » : **Hem de tenir en compte que és perillós**, *Nous devons prendre en compte que c'est dangereux*. N'oubliez pas de conjuguer le verbe. À ne pas confondre non plus avec **en comptes de**, *au lieu de*.

→ **Ens n'hauríem d'informar bé**, *Nous devrions bien nous renseigner d'abord*. Le pronom **'n** remplace une idée déjà mentionnée précédemment, ici il sous-entend l'idée de savoir comment fonctionne une **via ferrata**.

NOTE CULTURELLE

La Catalogne est un véritable paradis pour les amateurs de sports extrêmes. Il est possible de faire du parapente dans les Pyrénées, pour planer au-dessus de paysages à couper le souffle. Mais vous pourrez en faire également, ou même sauter en parachute, à d'autres endroits, partout sur le territoire catalan. Pour les amateurs de sensations fortes aquatiques, la rivière Noguera Pallaresa, ainsi que d'autres rivières des Pyrénées catalanes, offrent des descentes en rafting palpitantes. Les amateurs d'escalade peuvent relever le défi des parois rocheuses de Montserrat, des Pyrénées catalanes ou celles de la Serra de Montsec, bénéficiant à chaque ascension de vues spectaculaires. Quant aux passionnés de VTT, vous trouverez des sentiers magnifiques à explorer partout en Catalogne. Même à proximité de Barcelone, le parc naturel de Collserola offre l'occasion de parcourir une nature préservée tout en pratiquant le VTT.

◆ GRAMMAIRE
L'OBLIGATION : *HAVER-SE DE* + INFINITIF

En catalan, l'expression de l'obligation peut être réalisée de différentes manières. Les constructions les plus courantes sont formés avec **caldre + infinitiu**, *falloir + infinitif*, que nous avons déjà rencontré auparavant : **Cal anar a la feina**, *Il faut aller travailler*.

De même, nous connaissons la structure **haver de + infinitiu**, *devoir + infinitif* : **Heu de fer-ho**, *Vous devez le faire*.

Ici, nous rencontrons également **haver-se de + infinitiu**, *falloir + infinitif* : **S'ha de preparar el regal**, *Il faut préparer le cadeau* ; **S'ha d'anar amb compte**, *Il faut faire attention*.

SI NO ET *SINÓ*

Nous rencontrons dans ce dialogue **si no**, *sinon*, *autrement*, et **sinó**, *mais*, à ne pas confondre.

• **Si no**, *sinon* : cette expression est la combinaison de la conjonction conditionnelle **si** et de l'adverbe **no**. Elle exprime une condition négative. **Si no treballs, no cobres**, *Si tu ne travailles pas, tu ne reçois pas de salaire.*

• **Sinó** marque l'opposition, il est utilisé pour introduire une idée qui s'oppose ou corrige la précédente. Par exemple, dans **No vull descansar sinó fer esport**, *Je ne veux pas me reposer, mais faire du sport* ; on utilise **sinó** pour souligner le contraste entre les deux actions.

▲ CONJUGAISON
LE VERBE *SONAR* « SONNER »

Sonar, *sonner* → **El telèfon sona**, *Le téléphone sonne* ; **Sona la música**, *La musique joue* (« sonne »).

Dans sa forme intransitive, **sonar** exprime l'idée de « déjà connu » :

sonar			sonner
Em			*Son/Ses visage/s me dit/disent quelque chose.*
Et			*Son/Ses visage/s te dit/disent quelque chose.*
Li	sona sonen	la seva cara. les seves cares.	*Son/Ses visage/s lui dit/disent quelque chose.*
Ens			*Son/Ses visage/s me nous dit/disent quelque chose.*
Us			*Son/Ses visage/s vous dit/disent quelque chose.*
Es			*Son/Ses visage/s leur dit/disent quelque chose.s*

Attention : en catalan, nous pouvons dire **Em sona la seva cara** et **La seva cara em sona**, *Son visage me dit quelque chose.*

EXERCICES

1. TRADUISEZ CES PHRASES EN CATALAN.

a. Il faut préparer le cadeau.
   → ....

b. C'est un sport extrême.
   → ....

c. On pourrait faire du saut à l'élastique.
   → ....

d. Il adore naviguer.
   → ....

2. COMPLÉTEZ AVEC SI NO OU SINO.

a. .... vas amb compte, cauràs.

b. Jo no vull fer pònting .... vela.

c. La sortida no és en globus .... en veler.

d. Ara vinc: .... , arribaré tard.

3. COMPLÉTEZ AVEC ANAR AMB COMPTE, TENIR EN COMPTEN OU EN COMPTES DE.

a. Podeu fer una sortida .... de quedar-vos a casa.

b. No .... que no li agrada l'esport.

c. Has d' .... amb els amics.

4. ÉCOUTEZ L'ENREGISTREMENT ET COMPLÉTEZ AVEC LES MOTS MANQUANTS.

a. Sempre m'han agradat els .... d'aventura.

b. Estic .... de fer una via ferrata.

c. Pujar en globus no és ....

d. A la Martina li fan por els esports d'aventura i va amb ....

VOCABULAIRE

al final, *finalement, au final, à la fin*
anar amb compte, *faire attention*
angoixa, *angoisse*
arriscat/da, *risqué/e*
atrevir-se, *oser*
cop, *coup*
divertir-se, *s'amuser*
esport extrème, *sport extrême*
esport d'aventura, *sport d'aventure*
exacte, *exacte*
genial, *génial*
globus, *ballon, montgolfière*
il·lusió, *illusion*
informar, *informer*
informar-se, *s'informer*
paracaigudes, *parachute*
patir, *souffrir*
perillós/perillosa, *dangereux/euse*
pònting, *saut à l'élastique*
prudent, *prudent/e*
regal, *cadeau*
salt, *saut*
saltar, *sauter*
sonar, *sonner*
sorpresa, *surprise*
vaixell, *bateau*
veler, *voilier*
anar amb compte, *faire attention*
en comptes de, *au lieu de*
estar a punt, *être prêt/e*
tenir en compte, *tenir compte de*
sinó, *mais*
si no, *sinon, autrement*

5. VRAI OU FAUX ? ÉCOUTEZ LE DIALOGUE ET COCHEZ LA BONNE RÉPONSE.

a. A l'Aram no li agraden els esports d'aventura. ☐ VRAI ☐ FAUX

b. L'Aram va fer una via ferrada la setmana passada. ☐ VRAI ☐ FAUX

c. La Martina proposa fer pònting. ☐ VRAI ☐ FAUX

d. La Martina es vol informar dels preus per saltar en paracaigudes. ☐ VRAI ☐ FAUX

25.
ESCAPADE DE WEEK-END

ESCAPADA DE CAP DE SETMANA

OBJECTIFS	NOTIONS
• ORGANISER UNE SORTIE	• *PER QUÈ ET PERQUÈ* (2)
• FAIRE DES PROPOSITIONS	• *EN LLOC ET ENLLOC*
• DONNER DES CONSEILS	• LE SUBJONCTIF

UN WEEK END À IBIZA

Aleix : J'ai réfléchi… Bruna, les vacances sont dans deux semaines. Je te propose d'aller à Ibiza un week-end.

Bruna : Bonne idée, Aleix ! Au lieu de rester à la maison, nous ferions mieux *(est mieux)* de partir. Je suggère que nous nous organisions un peu.

Aleix : Un matin, nous pourrions visiter Dalt Vila, la vieille ville. Les vues sont incroyables.

Bruna : Parfait ! Tu n'as pas envie d'aller à la plage ? Nulle part il n'y a de plus belles plages !

Aleix : Tu exagères ! Samedi, nous pourrions aller déjeuner au Port de Sant Miquel.

Bruna : J'aime l'idée. Je te conseille de goûter **la coca de pebrera** *(tarte aux poivrons)*, **l'amanida de crostes** *(salade de croûtes)* et **le bullit de peix** *(bouilli de poisson)* ! La gastronomie d'Ibiza est unique !

Aleix : D'accord. On m'a aussi conseillé de manger de **la greixonera** *(pudding)* et des **orelletes** *(beignets à l'anis)*

Bruna : Et du **flaó** ! C'est délicieux, le meilleur cheese-cake du monde. Mais je pense que nous n'aurons pas le temps de manger autant !

Aleix : Veux-tu qu'on aille à Cala d'Hort pour y voir [l'île d']Es Vedrà et [l'îlot d']Es Vedranell ?

Bruna : Nous pouvons également aller à Sant Rafel [de Sa Creu] et acheter des objets en céramique.

Aleix : Mais es-tu déjà allée à Ibiza ?

Bruna : Bien sûr ! J'y ai vécu quand j'étais enfant. Veux-tu que je te présente mes amis d'Ibiza ?

27 — UN CAP DE SETMANA A EIVISSA

Aleix: He estat pensant… Bruna, falten dues setmanes perquè siguin vacances. Et proposo que anem a Eivissa un cap de setmana.

Bruna: Bona idea, Aleix! En lloc de quedar-nos a casa, és millor que marxem. Proposo que ens organitzem una mica.

Aleix: Un matí podríem visitar Dalt Vila, la part antiga de la ciutat. Les vistes són increïbles.

Bruna: Perfecte! A la platja no hi vols anar? Enlloc hi ha platges més maques!

Aleix: Què exagerada! Dissabte podríem anar a dinar al Port de Sant Miquel.

Bruna: M'agrada la idea. T'aconsello que tastis la coca de pebrera, l'amanida de crostes i el bullit de peix! La gastronomia d'Eivissa és única!

Aleix: D'acord, també m'han aconsellat menjar greixonera i orelletes.

Bruna: I flaó! És deliciós, el millor pastís de formatge del món. Però no crec que tinguem temps de menjar tant!

Aleix: Vols que anem a Cala d'Hort a veure es Vedrà i es Vedranell?

Bruna: També podem anar a Sant Rafel i comprar una mica de ceràmica.

Aleix: Però tu ja has estat a Eivissa?

Bruna: I tant! Hi vaig viure de petita. Vols que et presenti els meus amics eivissencs?

■ COMPRENDRE LE DIALOGUE
FORMULES ET EXPRESSIONS

- → **Dues setmanes**, *deux semaines*. Pour rappel, le numéral **dos**, *deux* maintient la variation de genre, bien que beaucoup de locuteurs utilisent « deux » comme étant invariable. Exemple : **dos setmanes**, *deux semaines*.
- → **Falten dues setmanes perquè siguin vacances**, *Nous sommes deux semaines avant les vacances*. **Perquè**, *pour, parce que*, indique une finalité.
- → **Es Vedrà i es Vedranell** sont deux îles rocheuses inhabitées situées au sud-ouest de l'île, faisant partie d'une réserve naturelle. **Es Vedrà**, emblème d'Ibiza, revêt une grande valeur en termes de biodiversité.

NOTE CULTURELLE

Les **illes Pitiüses**, *îles Pityuses*, regroupent les îles d'Ibiza et de Formentera, ainsi que quelques îlots. Elles font partie des **illes Balears**, *îles Baléares*, avec Majorque et Minorque.

La gastronomie d'Ibiza et de Formentera ne peut pas laisser indifférents. Ibiza, également connue comme **l'illa blanca**, *l'île blanche*, brille par sa riche diversité culinaire. Dans ce dialogue, nous découvrons **la coca de pebrera**, une tarte salée à base de poivrons rouges grillés, d'ail et d'huile d'olive ; **l'amanida de crostes**, une salade composée de croûtons de pain très croustillants, de tomates et d'oignons ; **le bullit de peix**, un ragoût de poisson frais. Sans oublier **le flaó**, un gateau au fromage agrémenté de menthe fraîche et d'anis ; **la greixonera**, une version singulière du pudding ; et **les orelletes**, une pâtisserie traditionnelle à l'anis. Cette palette gastronomique offre une expérience sensorielle unique !

◆ GRAMMAIRE
EN LLOC ET ENLLOC

Les expressions **enlloc** et **en lloc** ont des significations distinctes. L'adverbe **enlloc** indique l'absence de lieu, signifiant *nulle part*. Par exemple : **Enlloc no trobaràs platges més maques**, *Nulle part tu trouveras de plus belles plages*.

On peut également utiliser l'expression **en cap lloc** avec la même signification : **En cap lloc estareu millor**, *Nulle part vous ne seriez mieux*.

En revanche, la construction **en lloc** est généralement suivie de la préposition **de** (**en lloc de**), indiquant une substitution ou un choix alternatif. Par exemple : **En lloc de quedar-nos a casa, podríem sortir**, *Plutôt que de rester à la maison, nous pourrions sortir*.

⚠ CONJUGAISON
LE SUBJONCTIF

Dans ce dialogue, un nouveau temps verbal fait son apparition : le subjonctif.

En catalan, son utilisation est plus fréquente qu'en français, mais pas d'inquiétude, sa conjugaison est facile. Tout comme en français, le subjonctif sert à exprimer une action ou un fait pensé ou imaginé, la volonté, le but, le doute, la conséquence, la crainte, etc. De plus, en catalan, il est aussi employé pour exprimer le futur et sera donc aussi traduit par le futur en français.

Voici tous les subjonctifs présents dans notre dialogue :

Falten dues setmanes perquè siguin vacances, *Dans deux semaines sont les vacances.*
Proposo que anem…, *Je propose d'aller…*
És millor que fem…, *C'est mieux si l'on fait…*
Proposo que ens organitzem, *Je propose que nous nous organisions.*
T'aconsello que tastis, *Je te conseille de goûter.*
No crec que tinguem temps, *Je ne crois pas qu'on ait le temps.*
Què et sembla si lloguem…?, *Que penses-tu de louer…?*
Vols que et presenti…?, *Veux-tu que je te présente…?*

La formation du subjonctif se fait en ajoutant à la racine du verbe les terminaisons suivantes :

- Pour les verbes de la 1re et de la 2e conjugaison **-i**, **-is**, **-i**, **-em**, **-eu**, **-in**.
- Pour les verbes de la 3e conjugaison **-i**, **-is**, **-i**, **-im**, **-iu**, **-in**.

1re conjugaison	2e conjugaison	3e conjugaison
que jo presenti, *que je présente*	**que jo perdi,** *que je perde*	**que jo dormi,** *que je dorme*
que tu presentis, *que tu présentes*	**que tu perdis,** *que tu perdes*	**que tu dormis,** *que tu dormes*
que ell/ella/ vostè presenti, *qu'il/elle/on présente*	**que ell/ella /vostè perdi,** *qu'il /elle/on perde*	**que ell/ella/vostè dormi,** *qu'il/elle/on dorme*

que nosaltres presentem*, que nous présentions	que nosaltres perdem*, que nous perdions	que nosaltres dormim*, que nous dormions
que vosaltres presenteu*, que vous présentiez	que vosaltres perdeu*, que vous perdiez	que vosaltres dormiu*, que vous dormiez
que ells/ elles/ vostès presentin, qu'ils/elles présentent	que ells/ elles/ vostès perdin, qu'ils/elles perdent	que ells/ elles/ vostès dormin, qu'ils/elles dorment

* Il est à noter la coïncidence avec le présent de l'indicatif. En effet, pour la 1re et la 2e personnes du pluriel, le présent de l'indicatif et le présent du subjonctif sont identiques.

Attention : certains verbes adoptent un radical irrégulier dans leur conjugaison. Dans ce dialogue, c'est notamment le cas pour :

→ **ésser**, *être* (**que jo sigui, que tu siguis, que ell/ella/vostè sigui**,…), avec le radical **sigu-** ;

→ **fer**, *faire* (**que jo faci, que tu facis, que ell/ella/vostè faci**,…), avec le radical **fac-** ;

→ **tenir**, *avoir* (**que jo tingui, que tu tinguis, que ell/ella/vostè tingui**,…), avec le radical **tingu-**.

● EXERCICES

1. TRADUISEZ CES PHRASES EN FRANÇAIS.

a. Falten dues setmanes per anar a Eivissa.
→ ....

b. En lloc de quedar-me aquí, vull anar a visitar la ciutat.
→ ....

c. A la platja també hi vull anar.
→ ....

d. Vosaltres ja heu estat a l'illa?
→ ....

e. M'han aconsellat tastar les amanides i les coques.
→ ....

● VOCABULAIRE

anís, *anis*
bullit, *bouilli*
ceràmica, *céramique*
coca, *tarte salée*
enlloc, *nulle part*
exagerat/da, *exagéré/e*
formatge, *fromage*
pastís, *gateau*
pebrera (f.), *poivron*
pebrot (m.), *poivron*
peix, *poisson*
proposar, *proposer*
únic/a, *unique*
viatge, *voyage*

2. TRADUISEZ CES PHRASES EN CATALAN.

a. Le week end, je veux d'aller à la plage.
→ ....

b. Je te conseille de goûter la salade.
→ ....

c. J'ai vécu à Ibiza deux ans.
→ ....

d. Je pourrais aller déjeuner à Sant Rafel.
→ ....

3. CONJUGUEZ AU SUBJONCTIF LE VERBE ENTRE PARENTHÈSES.

a. (fer) No vull que tu .... aquest viatge.

b. (anar) Jo t'aconsello que .... a veure l'exposició.

c. (perdre, vosaltres) No crec que .... el tren.

d. (llogar) Què et sembla si la Maria .... una bicicleta?

4. ÉCOUTEZ L'ENREGISTREMENT ET COMPLÉTEZ AVEC LES MOTS QUI MANQUENT.

27

a. No vull anar ....

b. .... he vist ciutats més maques.

c. Aquestes .... són força maques.

d. El flaó porta molt de ....

e. Vosaltres .... comprar ceràmica.

f. Ets un ....

5. VRAI OU FAUX ? ÉCOUTEZ LE DIALOGUE ET COCHEZ LA BONNE RÉPONSE.

27

a. En Pau vol anar a la platja aquest cap de setmana.   ☐ VRAI   ☐ FAUX

b. Les vacances comencen d'aquí tres setmanes.   ☐ VRAI   ☐ FAUX

c. A la Patrícia li han aconsellat una platja.   ☐ VRAI   ☐ FAUX

d. La Patrícia anirà a la platja aquest dissabte.   ☐ VRAI   ☐ FAUX

26.
FAIRE LA FÊTE
SORTIR DE FESTA

OBJECTIFS

- PARLER DE SA SOIRÉE
- CHOISIR DES ACTIVITÉS NOCTURNES

NOTIONS

- LES ADVERBES *TAN* ET *TANT*
- *MENTRE*
- VERBES : LE SUBJONCTIF DE *ÉSSER* (2)

SORTIR PRENDRE UN VERRE

<u>Ariadna</u> : Aujourd'hui je suis tellement fatiguée que je ne *(me)* tiens pas debout.

<u>Raül</u> : Oh, mince ! Que s'est-il passé ?

<u>Ariadna</u> : Hier, je suis allée boire un verre avec des amies jusqu'à tard le soir. Des boissons non alcoolisées, évidemment !

<u>Raül</u> : Maintenant, quand je sors, je ne bois pas d'alcool. Si nous sortons après, je ne boirai pas. Tu t'es amusée ?

<u>Ariadna</u> : Oui, c'était très drôle. Nous sommes allées dans une boîte de nuit. J'ai tellement dansé que plus tard je ne pouvais pas me lever.

<u>Raül</u> : Je suppose qu'aujourd'hui tu ne veux pas ressortir... Veux-tu que je demande de nous apporter quelque chose pour le dîner ?

<u>Ariadna</u> : Nous pouvons manger à l'extérieur. Tant qu'on ne rentre pas trop tard, on peut sortir un peu.

<u>Raül</u> : Tout prêt d'ici il y a un restaurant où ils jouent de la musique en live.

<u>Ariadna</u> : Tant que ce n'est pas pour danser, allons-y !

<u>Raül</u> : Alors, je réserve une table pour 21 h.

<u>Ariadna</u> : Merci. Je me prépare pendant que tu réserves.

DE COPES

Ariadna: Avui estic tan cansada que no m'aguanto dreta.

Raül: Oh, vaja! Què ha passat?

Ariadna: Ahir vaig anar a fer unes copes amb les amigues fins ben tard. Copes sense alcohol, evidentment!

Raül: Jo ara quan surto no prenc alcohol. Si després sortim, no beuré. T'ho vas passar bé?

Ariadna: Sí, va ser molt divertit. Vam anar a una discoteca. Vaig ballar tant, que més tard no em podia aixecar.

Raül: Imagino que avui no vols tornar a sortir… Vols que demani que ens portin alguna cosa per sopar?

Ariadna: Podem menjar fora. Mentre no tornem massa tard, podem sortir una mica.

Raül: Aquí a la vora hi ha un restaurant on fan música en directe.

Ariadna: Mentre no sigui per ballar, endavant!

Raül: Aleshores reservo taula per a les 21h.

Ariadna: Gràcies. Em preparo mentre tu reserves.

■ COMPRENDRE LE DIALOGUE
FORMULES ET EXPRESSIONS

- **No m'aguanto dret/a**, *Je ne me tiens pas debout*, dans le sens de *défaillir, d'être très fatigué/e*.
- **Vaja!**, *Mince !, wow !* Expression utilisée pour indiquer l'admiration, une contrariété surprise.
- **Anar a fer copes**, **anar de copes** ou **anar a prendre alguna cosa**, *pour aller prendre un verre*. On dira également **una copa de cava**, *une coupe de cava* (champagne catalan).
- **Tornar a sortir**, *sortir à nouveau, ressortir*. **Tornar à + infinitiu** traduit la réitération, fréquemment rendue en français par *re + infinitif*. On peut également utiliser **un altre cop**, *une autre fois*.
- **A la vora**, *tout près d'ici, à proximité*. Locution prépositive qui exprime la proximité, le peu de distance. **La vora** est *le bord* de quelque chose : **la vora del riu,** *le bord de la rivière*.

NOTE CULTURELLE

La Catalogne offre une gamme très variée de divertissements nocturnes, proposant une pléthore de terrasses, restaurants, bars, bars à cocktails, pubs, clubs et discothèques à la mode. Barcelone se distingue par sa diversité, mais d'autres villes de renommée internationale la suivent de près, telles que Salou, Lloret de Mar ou encore Sitges. À Salou, vous pourrez en profiter pour parcourir la route des miradors, 23 points de vue éblouissants ; à Lloret de Mar, n'hésitez pas découvrir ses magnifiques plages ; et à Sitges, référence incontournable du modernisme, promenez-vous dans le centre historique et visitez le musée **El Cau Ferrat**. Que vous préfériez siroter des cocktails sur une terrasse, vous perdre dans l'atmosphère animée d'un pub, ou danser jusqu'au petit matin dans une discothèque branchée, vous aurez l'embarras du choix.

◆ GRAMMAIRE
LES ADVERBES *TAN* ET *TANT*

Tan et **tant** se traduisent tous les deux par *tellement*.

• **Tan** est placé avant un adjectif, un adverbe ou une location adverbiale :
Estic tan cansada que no m'aguanto dreta, *Je suis tellement fatiguée que je ne me tiens pas droite* ; **No beguis tan de pressa**, *Ne bois pas aussi* (litt. « tellement ») *vite*.

• **Tant** indique la quantité. Adverbe, il est placé après le verbe : **Vaig ballar tant…**, *J'ai tellement dansé…* Adjectif, il se place devant un nom et il s'accorde à celui-ci : **Hi ha tant (d') alcohol que no vull beure**, *Il y a tellement d'alcool que je ne veux pas boire* ; **Hi ha tanta gent que no em puc moure**, *Il y a tellement monde que je ne peux pas bouger.*

MENTRE

Mentre : conjonction de temps qui se traduira, selon le contexte, par *pendant que*, *comme*, *tant que*, *quand*, etc. Il peut être suivi d'un verbe à l'indicatif ou au subjonctif : **Mentre no sigui per ballar, podem sortir**, *Tant que ce n'est pas pour danser, nous pouvons sortir* ; **Mentre no tornem massa tard, podem sortir**, *Tant que nous ne rentrons pas trop tard, nous pouvons sortir* ; **Em preparo mentre tu reserves**, *Je me prepare pendant que tu reserves.*

▲ CONJUGAISON
LE SUBJONCTIF DE *ÉSSER*

Plusieurs verbes au subjonctif se sont glissés dans le dialogue :

- **Vols que demani?**, *Veux-tu que je commande ?* du verbe **demanar**, *commander, demander* ;
- **mentre no tornem**, *tant que nous ne revenons pas*, du verbe **tornar**, *revenir* ;
- **mentre no sigui…**, *tant qu'il n'est pas…*, du verbe **ésser**, *être*.

Parmis ces verbes, soulignons les deux derniers, irréguliers. Pour les conjuguer correctement, il suffit de connaître leur radical :

Esser, *être*
que jo sigui, *je sois*
que tu siguis, *tu sois*
que ell/ ella/ vostè sigui, *il/elle soit*
que nosaltres siguem, *nous soyons*
que vosaltres sigueu, *vous soyez*
que ells/ elles/ vostès siguin, *ils/elles soient*

⬢ EXERCICES

1. TRADUISEZ LES PHRASES SUIVANTES EN FRANÇAIS.

a. Hi ha una discoteca a la vora.
→ ....

b. Podem tornar a reservar.
→ ....

c. Mentre tornem d'hora, podem sortir a ballar.
→ ....

d. Quan surto, no prenc alcohol.
→ ....

e. Vaig anar a fer unes copes amb els amics.
→ ....

2. COMPLÉTEZ AVEC TAN, TANT ET TANTA…

a. Aquesta pel·lícula és .... divertida que la vull tornar a veure.

b. És .... tard, que hem de marxar.

c. He menjat .... , que ara no puc sortir.

d. No hi ha .... gent com dius.

e. No mengis .... de pressa.

🔊 3. ÉCOUTEZ L'ENREGISTREMENT ET COMPLÉTEZ AVEC LES MOTS MANQUANTS.

a. .... , sortim a ballar i a prendre alguna cosa.

b. Va ser .... anar a sopar fora.

c. No em puc .... , estic molt cansada.

d. Puc sortir .... no tornis massa tard.

e. Aquí a la .... hi ha un lloc interessant.

● VOCABULAIRE

aixecar, *lever*
aixecar-se, *se mettre débout*
alcohol, *alcool*
demanar, *demander*
discoteca, *discothèque*
dret, *débout, droit*
mentre, *pendant que, tant que, quand*
reservar, *reserver*
vora (f.), *bord*

vaja!, *mince, wow !*
fer copes, *prendre un verre*
a la vora, *tout près*
Endavant!, *Allons-y !*

4. VRAI OU FAUX ? ÉCOUTEZ LE DIALOGUE ET COCHEZ LA BONNE RÉPONSE.

a. La Noe vol anar a escoltar música. ☐ VRAI ☐ FAUX

b. El Miquel i la Noe van a sopar a la vora. ☐ VRAI ☐ FAUX

c. El Miquel i la Noe estan molt cansats. ☐ VRAI ☐ FAUX

d. Després de sopar, el Miquel i la Noe aniran a prendre una copa. ☐ VRAI ☐ FAUX

27.
PRÉPARER LE MARATHON

PREPARAR LA MARATÓ

OBJECTIFS	NOTIONS
• LE VOCABULAIRE DU SPORT ET DE L'ALIMENTATION • EXPRIMER SES INTENTIONS, SON BUT	• LE PRONOM RELATIF *QUE* • LES ADVERBES DE MANIÈRE • QUELQUES EMPLOIS DU SUBJONCTIF PRÉSENT • LE SUBJONCTIF DE *PODER*, « POUVOIR »

S'ENTRAÎNER

Carles : Je pense que nous pourrions courir le marathon d'avril.

Paula : Je ne pense pas que ce soit facile à préparer. Nous devrions commencer par un entraînement progressif, pour éviter les blessures.

Carles : Tu as raison. Quand j'ai fait le triathlon, je me suis beaucoup entraîné.

Paula : Les chaussures de sport que j'ai me font mal.

Carles : Alors je te recommande de mettre de nouvelles baskets. Porte tes *(les)* chaussures les plus confortables.

Paula : J'espère ne pas me blesser.

Carles : L'entraîneuse qui travaille au gymnase a insisté que nous devions faire attention à notre alimentation. Nous avons besoin de manger des glucides et des protéines pour avoir de l'énergie.

Paula : Nous devons incorporer dans notre régime alimentaire du riz brun, des patates douces, des pâtes, de l'avoine, des fruits et des légumes.

Carles : Veux-tu que nous nous fixions un objectif ?

Paula : Mon objectif est d'atteindre la ligne d'arrivée tranquillement et joyeusement. Je veux finir la course. Je ne pense pas pouvoir aspirer à plus. Quel est ton défi ?

Carles : J'aimerais terminer le marathon en trois heures environ, pas plus.

Paula : Je ne pense pas que tu puisses le faire. Quoi qu'il en soit, la clé est d'être préparé. J'espère que l'entraîneuse va nous aider *(nous aide)*.

ENTRENAR-SE

Carles: Crec que podríem córrer la marató d'abril.

Paula: No crec que sigui fàcil de preparar. Hauríem de començar amb un entrenament gradual, per evitar lesions.

Carles: Tens raó. Quan vaig fer el triatló vaig entrenar moltíssim.

Paula: El calçat d'esport que tinc em fa mal.

Carles: Aleshores et recomano que portis unes vambes noves. Porta les sabates que siguin més còmodes.

Paula: Espero no lesionar-me.

Carles: L'entrenadora que treballa al gimnàs va insistir que havíem de cuidar l'alimentació. Cal que mengem carbohidrats i proteïnes per tenir energia.

Paula: Hem d'incorporar a la dieta arròs integral, moniato, pasta, civada, fruita i verdura.

Carles: Vols que ens fixem algun objectiu?

Paula: El meu objectiu és arribar a la meta tranquil·lament I feliçment. Vull acabar la cursa. No crec que pugui aspirar a més. Quin és el teu repte?

Carles: M'agradaria acabar la marató en aproximadament tres hores, no més.

Paula: No crec que ho puguis fer. De tota manera, la clau és anar preparats. Espero que l'entrenadora ens ajudi.

■ COMPRENDRE LE DIALOGUE
FORMULES ET EXPRESSIONS

→ **La marató**, *le marathon*. Il est important de noter que, en catalan, le terme « marathon » est féminin.
→ **La clau**, *la clé*. Le mot **clau** présente plusieurs significations en catalan. Au féminin, **la clau** se réfère à *une clé*, tant au sens propre que figuré, comme dans ce dialogue. Au masculin, **el clau** prend le sens de *clou*.

NOTE CULTURELLE

En Catalogne, six marathons s'organisent annuellement, offrant une perspective unique pour explorer la richesse du territoire.

• Le **Zurich Marató de Barcelona**, plutôt connu sous le nom de *Marathon de Barcelone*, se démarque en guidant les coureurs à travers les points touristiques et emblématiques de la ville.

• **La Marató d'Empúries**, *le Marathon d'Empúries,* fait traverser les participants à travers l'ancienne cité grecque d'Emporion.

• Le Marathon des Voies Vertes de Carrilet, à Gérone offre une expérience pittoresque, en traversant de charmants villages et les collines de l'arrière-pays, pour finalement aboutir sur une plage.

• Quant au Marathon des Voies Vertes du Val de Zafa, dans la Province de Tarragone, il présente un défi unique avec pas moins de 38 tunnels à traverser.

• L'**Ultracerdanya**, avec son paysage de haute montagne, est réservé aux coureurs bien préparés, offrant un parcours exigeant au cœur de sites exceptionnels.

• Enfin, le **Salomon Ultra Pirineu**, situé dans le Parc Naturel de Cadí-Moixeró, marie la splendeur des paysages avec la difficulté du parcours, créant ainsi une expérience intense pour les concurrents.

◆ GRAMMAIRE
LE PRONOM RELATIF *QUE*

• **Que**, *que*, *qui*, est un pronom relatif pouvant jouer le rôle de sujet ou d'objet direct. Nous l'avons déjà rencontré dans des dialogues précédents, accordons-lui encore un peu d'attention : **L'entrenador que treballa al gimnàs és molt agradable**, *L'entraî-*

neur qui travaille au gymnase est très agréable. De même : **Les sabates que vaig comprar em fan mal**, *Les chaussures que j'ai achetées me font mal.*

• **Que**, *où*. En outre, le pronom **que** peut aussi traduire le *où* français dans les expressions temporelles : **L'any que vaig fer el triatló…,** *L'année où j'ai préparé le triathlon…*

LES ADVERBES DE MANIÈRE

Les adverbes de manière indiquent la façon particulière dont une action est réalisée. Ils se forment souvent en ajoutant la terminaison **-ment** à l'adjectif au féminin.

• **senzill**, *simple* → **senzilla** → **senzillament** : **Senzillament, vull acabar la cursa**, *Simplement, je veux finir la course.*

• **tranquil**, *tranquille* → **tranquil·la** → **tranquil·lament** : **Vull fer la marató tranquil.lament**, *Je veux faire le marathon tranquillement.*

• **feliç**, *feliç* → **feliç** → **feliçment** : **Va acceptar el repte feliçment**, *Il a accepté joyeusement le défi.*

Cela dit, tous les adverbes en **-ment** ne sont pas des adverbes de manière. Par exemple : **aproximadament**, *approximativement*, *environ* (adverbe de quantité) ; ou encore **actualment**, *actuellement* ; **immediatament**, *immédiatement* (de temps) ; **possiblement**, *possiblement* (de doute).

QUELQUES EMPLOIS DU SUBJONCTIF PRÉSENT

Nous sommes déjà familiers avec l'utilisation du subjonctif, mais il est vrai que son emploi peut parfois sembler complexe. Pour faciliter son assimilation, examinons ici quelques emplois.

• **No crec que…**, *Je ne pense pas…* Lorsque le verbe de la principale exprime une opinion à la forme negative, la subordonnée est au subjonctif : **No crec que sigui possible**, *Je ne pense pas que ce soit possible.*

En revanche, nous dirons **crec que** + indicatif : **Crec que tens raó**, *Je pense que tu as raison*, quand le locuteur parle d'une certitude ou d'une croyance positive.

• Pour exprimer des ordres, des conseils, des souhaits, etc., avec des verbes dits d'influence : **Et recomano que t'entrenis**, *Je te recommande de t'entraîner* ; **Et demano que vinguis**, *Je te demande de venir.*

- Pour formuler l'obligation ou le besoin :

- **Cal que**, *Il faut que* → **Cal que feu esport**, *Il faut que vous fassiez du sport…* ;

- **És necessari que**, *Il faut que, Il est necessaire que/de* → **És necessari que mengeu bé**, *Il faut que vous mangiez bien.*

▲ CONJUGAISON
LE SUBJONCTIF DE *PODER*, « POUVOIR »

Comme nous avons pu le constater, la plupart des verbes de la deuxième conjugaison présente des irrégularités variées. **Poder**, *pouvoir* en est un bel exemple. Il alterne d'habitude les voyelles **o** et **u** dans son radical, une caractéristique qu'il partage avec d'autres verbes. Il adopte en revanche la voyelle **u** dans toutes ses formes du subjonctif présent et de l'impératif :

poder, *pouvoir* (2ᵉ conjugaison, irrégulier)
que jo pugui, *que je puisse*
que tu puguis, *que tu puisses*
que ell/ella/vostè pugui, *qu'il/elle puisse*
que nosaltres puguem, *que nous puissions*
que vosaltres pugueu, *que vous puissiez*
que elles/ells/vostès puguin, *qu'ils/elles puissent*

VOCABULAIRE

alimentació, *alimentation*
aproximadament, *approximativement*, *environ*
aspirar, *aspirer*
calçat, *chaussure*
carbohidrats, *glucides, carbohydrates)*
civada, *avoine*
clau (f.), *clé* (m.), *clou*
còmode, *confortable*
cuidar, *prendre soin de*
cursa, *course*
dieta, *régime*
energia, *énergie*
entrenador, *entraîneur*
entrenament, *entraînement*
evitar, *éviter*
feliçment, *joyeusement, heureusement*
fixar-se, *faire attention, regarder*
gradual, *graduel/le*
incorporar, *incorporer*
insistir, *insister*
integral, *intégral/e*
lesió, *blessure*
lesionar-se, *se blesser*
marató (f.), *marathon*
meta, *but, ligne d'arrivée*
moniato, *patate douce*
pasta, *pâtes*
preparar, *préparer*
preparat, preparada, *prêt/e* (adj.)
proteïna, *protéine*
recomanar, *recommander*
repte, *défi*
sabates, *chaussures*
tranquil·lament, *tranquillement, calmement*
triatló, *triathlon*
vambes, *baskets* (chaussures de sport)
verdura/verdures, *légume/s*

EXERCICES

1. TRADUISEZ CES PHRASES EN CATALAN.

a. No crec que sigui fàcil preparar la marató.
→ ....

b. El calçat d'esport em fa mal.
→ ....

c. L'entrenador que treballa al gimnàs m'ajuda.
→ ....

d. Espero no lesionar-me.
→ ....

e. El meu objectiu és arribar a la meta.
→ ....

2. REMPLISSEZ AVEC LE VERBE AU SUBJONCTIF PRÉSENT.

a. (poder) No crec que tu .... ajudar-me.

b. (ésser) Cal que la dieta .... sana.

c. (portar) Us recomano que .... calçat còmode.

d. (aconsellar) És necessari que l'entrenador us ....

e. (entrenar) Us aconsello que .... cada dia.

3. ÉCOUTEZ L'ENREGISTREMENT ET REMPLISSEZ AVEC LE MOT QUI MANQUE.

a. Vols fixar-te algun .... ?

b. Porta les sabates més ....

c. Cal que mengem proteïnes per tenir ....

d. La clau és anar ....

4. VRAI OU FAUX ? ÉCOUTEZ L'ENREGISTREMENT ET COCHEZ LA BONNE RÉPONSE.

a. El Pau ha parlat amb l'entrenador. ☐ VRAI ☐ FAUX
b. L'entrenador creu que és fàcil preparar la marató. ☐ VRAI ☐ FAUX
c. La Carla i el Marc han de menjar bé. ☐ VRAI ☐ FAUX
d. El Marc creu que pot arribar a la meta. ☐ VRAI ☐ FAUX

28.
À LA GARE
A L'ESTACIÓ

OBJECTIFS

- PARLER DES TRANSPORTS
- TROUVER DES SOLUTIONS
- RÉPONDRE PAR « OUI » / « NON »

NOTIONS

- QUELQUES CONNECTEURS LOGIQUES (D'ORDRE)
- LE COMPARATIF
- LE VERBE *ANAR-SE'N* « S'EN ALLER »
- LE SUBJONCTIF DE *SORTIR* « SORTIR »

GRÈVE DE TRAINS

(par téléphone)

Santi : Joana ? Où es-tu ? Comment se fait-il que tu m'appelles si tôt ?

Joana : Je suis à la gare. Peux-tu m'emmener à l'aéroport ?

Santi : Tout de suite ? Tu n'allais pas à Rome en train ?

Joana : Ils ont annulé mon train. Il paraît qu'il y a une grève.

Santi : Et maintenant, qu'est-ce que tu vas faire ?

Joana : J'ai besoin d'un vol qui parte aujourd'hui. J'ai trouvé un vol qui part dans deux heures. Peux-tu m'emmener à l'aéroport ?

Santi : Maintenant ? Ne préfères-tu pas partir demain ?

Joana : Impossible. Premièrement, parce que la fête, c'est cet après-midi ; deuxièmement, parce que demain il n'y a pas de vol. Troisièmement, parce que…

Santi : Mieux vaut prendre un taxi. Tu iras plus vite en taxi qu'en voiture.

Joana : D'accord. Je m'en vais, alors. Je ne veux pas rater l'avion.

Santi : Appelle ta mère quand tu arriveras à Rome.

Joana : Bien sûr. Je l'appelle toujours quand j'arrive à destination

Santi : Tu rentres quand ?

Joana : Je rentre d'ici trois jours, en train.

Santi : L'avion est plus rapide que le train et ce n'est pas aussi cher que tu le penses.

Joana : Mais ça pollue plus, c'est pour cela que je préfère le train.

VAGA DE TRENS

(per telèfon)

Santi: Joana? On ets? Com és que em truques tan d'hora?

Joana: Soc a l'estació. Em pots portar a l'aeroport?

Santi: Ara? No anaves a Roma en tren?

Joana: Han cancel·lat el meu tren. Es veu que fan vaga.

Santi: I ara què faràs?

Joana: Necessito un vol que surti avui. He trobat un vol que surt d'aquí a dues hores. Em pots portar a l'aeroport?

Santi: Ara? No prefereixes marxar demà?

Joana: Impossible. Primer, perquè la festa és aquesta tarda; segon, perquè demà no hi ha cap vol. Tercer, perquè…

Santi: Millor si prens un taxi. Aniràs més de pressa en taxi que en cotxe.

Joana: D'acord. Me'n vaig, doncs. No vull perdre l'avió.

Santi: Truca la teva mare quan arribis a Roma.

Joana: Clar que sí. Sempre li truco quan arribo a destinació.

Santi: Quan tornes?

Joana: Torno d'aquí a tres dies, en tren.

Santi: L'avió és més ràpid que el tren, i no és tan car com et penses.

Joana: Però contamina més, per això prefereixo el tren.

■ COMPRENDRE LE DIALOGUE
FORMULES ET EXPRESSIONS

→ **Com és què em truques?**, *Comment se fait-il que tu m'appelles ?* **Com és que...?**, *Comment se fait-il que... ?* exprime l'étonnement. On pourrait le remplacer par **Per què...?**, *Pourquoi... ?*

→ **De pressa**, *vite*, est une locution adverbiale. Elle est synonyme de **ràpidament**, *rapidement*.

NOTE CULTURELLE

Quel est le point commun entre les villes de Buenos Aires, Rosario, Santiago du Chili et Barcelone ? La couleur de leurs taxis ! Les taxis bicolores jaune et noir sont l'un des signes distinctifs de Barcelone. Quelle est leur origine ? En 1924, la mairie a décrété que les taxis devraient porter une ligne sur leurs portes, sous les fenêtres, pour faciliter leur identification. La couleur de ces bandes variait en fonction du tarif (du moins cher au plus cher : blanches, rouges, jaunes ou bleues). En 1929, dans le contexte de l'Exposition internationale de Barcelone, un conflit s'engagea entre les différentes compagnies de taxis sur les tarifs. Pour mettre fin à cette crise, le conseil municipal est intervenu en fixant comme unique prix, celui pratiqué par les véhicules à bande jaune. Depuis lors, le jaune est devenu la couleur représentative des taxis à Barcelone ! Quant au noir... c'était la couleur prédominante des voitures de l'époque !

◆ GRAMMAIRE
QUELQUES CONNECTEURS LOGIQUES (D'ORDRE)

Primer, *premièrement* ; **segon**, *deuxièmement* ; **tercer**, *troisièmement*, sont des connecteurs pour lister des éléments.

Voici d'autres marqueurs qui vous seront utiles : **primerament**, *premièrement* ; **en primer lloc**, *tout d'abord* ; **d'entrada**, *tout d'abord* ; **en segon lloc**, *deuxièmement* ; **en tercer lloc**, *troisièmement* ; **en darrer lloc**, *en dernier lieu* ; **finalment**, *finalement* ; **per acabar**, *pour finir*.

LE COMPARATIF

Pour former le comparatif de supériorité, nous utilisons **més ... que** : **Aniràs més de pressa en taxi que en cotxe**, *Tu iras plus vite en taxi qu'en voiture* ; **L'avió és més ràpid que el tren**, *L'avion est plus rapide que le train*.

Pour le comparatif d'infériorité, **menys ... que** sera employé : **El tren és menys ràpid que l'avió**, *Le train est moins rapide que l'avion.*

Quant au comparatif d'égalité, elle est exprimée avec **tan ... com** : **L'avió no és tan car com el tren**, *L'avion n'est pas aussi cher que le train.*

▲ CONJUGAISON
LE VERBE *ANAR-SE'N*, « S'EN ALLER »

Le verbe **anar-se'n**, *s'en aller*, se conjugue avec deux pronoms personnels :

Anar-se'n, *s'en aller*
me'n vaig, *je m'en vais*
te'n vas, *tu t'en vas*
se'n va, *il/elle s'en va (vous vous en allez)*
ens n'anem, *nous nous en allons*
us n'aneu, *vous vous en allez*
se'n van, *ils/elles s'en vont*

Voici quelques exemples de phrases que vous allez entendre régulièrement :

Me'n vaig cap a casa, *Je rentre à la maison* ; **Se'n va a treballar**, *Il part travailler* ; **Venen i se'n van**, *Ils viennent et s'en vont.*

LE SUBJONCTIF DE *SORTIR* « SORTIR »

Dans ce dialogue, nous rencontrons encore un verbe de la troisième conjugaison au subjonctif, **sortir**, *sortir*.

Sortir, *sortir*
jo surti, *je sorte*
tu surtis, *tu sortes*
ell/ella/vostè surti, *il/elle sorte*
nosaltres sortim, *nous sortions*
vosaltres sortiu, *vous sortiez*
ells/elles/vostès surtin, *ils/elles sortent*

EXERCICES

1. TRADUISEZ CES PHRASES EN FRANÇAIS.

a. Com és que no em truqueu?
→ ....

b. Primer, necessito un vol; segon, he d'arribar a l'aeroport.
→ ....

c. Te'n vas avui o demà? Quan tornes?
→ ....

d. Avui no hi ha cap tren a València.
→ ....

e. Millor si prenem un taxi.
→ ....

2. TRADUISEZ CES PHRASES EN CATALAN.

a. Je m'en vais demain.
→ ....

b. Elles s'en vont en train.
→ ....

c. Joan ! Maria ! Vous vous en allez aujourd'hui, n'est-ce pas ?
→ ....

d. Vous irez plus vite en train qu'en avion.
→ ....

e. Le train n'est pas aussi cher que la voiture.
→ ....

3. ÉCOUTEZ LE DIALOGUE ET REMPLISSEZ AVEC LES MOTS QUI MANQUENT.

a. Aniré més .... si prenc un taxi.

b. Aquest vol és molt .... , arribaràs més de pressa.

c. Com és que .... tan d'hora ?

d. No .... gaire.

VOCABULAIRE

aeroport, *aéroport*
cancel·lar, *annuler*
avió, *avion*
contaminar, *polluer*
contaminació, *pollution*
d'hora, *tôt*
de pressa, *vite*
destinació, *destination*
estació, *gare*
ràpid, *vite*
taxi, *taxi*
tren, *train*
vaga, *grève*
vol, *vol*

4. VRAI OU FAUX ? ÉCOUTEZ LE DIALOGUE ET COCHEZ LA BONNE RÉPONSE.

a. Ell no sap si anar en tren o en avió. ☐ VRAI ☐ FAUX
b. Ella li aconsella anar en tren. ☐ VRAI ☐ FAUX
c. A l'aeroport hi ha vaga. ☐ VRAI ☐ FAUX
d. Ell vol marxar aquesta setmana. ☐ VRAI ☐ FAUX
e. Ell li trucarà quan sigui a Mallorca. ☐ VRAI ☐ FAUX

29.
JARDINIER
FER JARDINERIA

OBJECTIFS

- LE VOCABULAIRE DU JARDINAGE

- DONNER ET DEMANDER CONSEIL

NOTIONS

- VERBES IMPERSONNELS : *ES VEU QUE, ES NOTA QUE*

- L'IMPÉRATIF NÉGATIF

- *ACABAR PER* + INFINITIF ; *ACABAR DE* + INFINITIF

PRENDRE SOIN DU JARDIN

Sabrina : Je viens d'acheter un arrosoir pour le jardin.

Samuel : Très bonne idée ! Je vais finir par acheter un arrosoir moi aussi, j'y pense déjà depuis des jours.

Sabrina : J'ai aussi une nouvelle pelle de jardin. S'il ne pleut pas, j'avais prévu de travailler la terre aujourd'hui.

Samuel : Quelle coïncidence ! Je voulais aussi m'occuper de mon potager cet après-midi.

Sabrina : On sent que c'est le printemps. Quel engrais utilises-tu ?

Samuel : J'utilise un mélange de compost et d'engrais organique pour la laitue et les carottes.

Sabrina : Je vais essayer. Je pensais mettre *(planter)* des plantes aromatiques, comme [de] la menthe et [de] la camomille. Qu'en penses-tu ?

Samuel : Excellente idée ! Plante du romarin , il semblerait que c'est bon pour la terre.

Sabrina : Je ne sais pas quoi faire avec les mauvaises herbes. Que me conseilles-tu ?

Samuel : Élimine-les à l'aide d'un râteau. Surtout, n'utilise pas de pesticides.

Sabrina : Jamais de la vie ! Y a-t-il quelque chose que je devrais éviter de semer ?

Samuel : Ne sème pas des arbustes ni des espèces envahissantes. Mieux vaut planter des fleurs pour les abeilles et de la laitue, de l'ail, des pommes de terre et des haricots. Et taille les arbres fruitiers.

Sabrina : Merci pour tous les conseils.

Samuel : De rien. Ah ! Et n'arrose pas les plantes aux heures les plus chaudes.

Sabrina : D'accord !

OCUPAR-SE DEL JARDÍ

Sabrina: Acabo de comprar una regadora per al jardí.

Samuel: Molt bona idea! Acabaré per comprar una regadora jo també, ja fa dies que li dono voltes al tema.

Sabrina: També tinc una pala de jardiner nova. Si no plou, avui pensava treballar la terra.

Samuel: Quina coincidència! Jo també volia ocupar-me del meu hort aquesta tarda.

Sabrina: Es nota que és primavera. Quin fertilitzant utilitzes?

Samuel: Jo utilitzo una barreja de compost i adob orgànic amb els enciams i les pastanagues.

Sabrina: Ho provaré. Estava pensant en plantar plantes aromàtiques, com menta i camamilla. Què en penses?

Samuel: Excel·lent idea! Planta romaní, es veu que és bo per a la terra.

Sabrina: No sé què fer amb les males herbes. Què m'aconselles?

Samuel: Elimina-les amb un rasclet. Sobretot, no utilitzis pesticides.

Sabrina: Mai de la vida! Hi ha alguna cosa que hauria d'evitar sembrar?

Samuel: No sembris arbustos ni espècies invasives. Millor si plantes flors per a les abelles i enciam, alls, patates i mongetes. I poda els fruiters.

Sabrina: Gràcies per tots els consells.

Samuel: De res. Ah! I no reguis les plantes a les hores de més calor.

Sabrina: Entesos!

■ COMPRENDRE LE DIALOGUE
FORMULES ET EXPRESSIONS

→ **Fa dies que li dono voltes**, *J'y pense depuis des jours* : **donar-li voltes**, *réflechir consciencieusement à quelque chose, méditer longuement sur une chose*, litt. « faire tourner ».

→ **Mai de la vida !**, *Jamais de la vie !* : Adverbe. On trouvera également **De cap manera!**, *Pas question !*

NOTE CULTURELLE

Avoir une petite maison avec un petit potager, c'est le rêve de beaucoup de gens. Mais « **la caseta i l'hortet** » est aussi une expression popularisée par Francesc Macià (1859-1933), premier président de la *Généralité de Catalogne* (**Generalitat de Catalunya**) (1931-1933) sous la Seconde République (1931-1936). Cette expression traduisait son idéal politique : que tout les citoyens puissent être propriétaires d'une maison et d'un petit bout de terrain. Mais, la République n'a pas duré longtemps ; en 1936, la guerre civile s'est imposée avec ensuite une forte repression, et la longue dictature franquiste (1939-1975)…

◆ GRAMMAIRE
VERBES IMPERSONNELS : *ES VEU QUE, ES NOTA QUE*

Certains verbes impersonnels se construisent avec la particule **es** :

Es veu que, *il paraît que* : **Es veu que és important plantar a la primavera**, *Il paraît qu'il est important de planter au printemps*. On pourra également trouver **sembla ser que**, *il semble que* : **Sembla ser que a la primavera plou més**, *Il paraît qu'au printemps, il pleut plus*.

Es nota que, *on voit bien que* : **Es nota que t'agraden les plantes**, *On voit bien que tu aimes les plantes*.

▲ CONJUGAISON
L'IMPÉRATIF NÉGATIF

Comme nous l'avons déjà vu, en catalan nous utilisons le mode impératif pour les ordres dits affirmatives : **Poda els fruiters**, *Taille les arbres fruitiers* ; **Elimina les males herbes**, *Enlève les mauvaises herbes*.

En revanche, pour les ordres dits négatifs, nous utiliserons l'adverbe **no** + subjonctif. Dans ce dialogue, nous avons rencontré : **No sembris**, *Ne sème pas* ; **No utilitzis**, *N'utilise pas* ; **No reguis**, *N'arrose pas* (respectivement des verbes **sembrar**, *semer* ; **utilizar**, *utiliser* ; **regar**, *arroser*)…

L'impératif négatif, qui se forme avec le subjonctif, peut donc être conjugué à toutes les personnes :

Sembrar, *semer*	
2ᵉ sg.	**no sembris**, *ne sème pas*
3ᵉ sg.	**no sembri**, *ne semez pas*
1ʳᵉ pl.	**no sembrem**, *ne semons pas*
2ᵉ pl.	**no sembreu**, *ne semez pas*
3ᵉ pl.	**no sembrin**, *ne semez pas*

ACABAR PER + INFINITIF, ACABAR DE + INFINIT

Faisons attention à ces périphrases verbales à l'infinitif : **acabar per + infinitiu**, *finir par + infinitif*, et **acabar de + infinitiu**, *venir de + infinitif* ;

• **acabar per + infinitiu** exprime l'aboutissement d'une situation plus ou moins longue, obtenu par insistance et persévérance : **Fa dies que li dono voltes al tema, acabaré per comprar la regadora**, *J'y pense depuis des jours, je vais finir par acheter l'arrosoir*. Nous pourrions également utiliser **acabar + gerundi**, ou **al final** + le verbe conjugué : **Fa dies que li dono voltes al tema, acabaré comprant la regadora**, *J'y pense depuis des jours, je vais finir par acheter l'arrosoir* ; **Fa dies que li dono voltes al tema, al final compraré la regadora**, *J'y pense depuis des jours, à la fin je vais acheter l'arrosoir*.

• **acabar de + infinitiu**, *venir de*, sert à exprimer l'achèvement d'une situation (sans la nuance d'insistance) dans une valeur temporelle d'antériorité immédiate, soit un passé proche, ou encore à atténuer une négation : **Ara mateix acabem de comprar un rasclet**, *Nous venons tout juste d'acheter un râteau* (valeur temporelle immédiate) ; **Demà acabarem de plantar les herbes**, *Demain nous finirons de planter les herbes* (achèvement) ; **No acabo d'entendre per què fas això**, *Je ne comprends pas très bien pourquoi tu fais cela* (atténuation).

EXERCICES

1. TRADUISEZ LES PHRASES SUIVANTES EN FRANÇAIS.

a. Què m'aconselleu que planti?
   → ....

b. Planto enciams o patates?
   → ....

c. Heu d'evitar utilitzar pesticides.
   → ....

d. Acabem d'eliminar les males herbes.
   → ....

e. Es nota que us agrada ocupar-vos del jardí.
   → ....

2. TRADUISEZ LES PHRASES SUIVANTES EN CATALAN.

a. J'y pense depuis une semaine.
   → ....

b. Jamais de la vie ! J'utilise de l'engrais organique.
   → ....

c. Plante des fleurs, ne plante pas des laitues.
   → ....

d. J'arrose les plantes aux heures les moins chaudes.
   → ....

e. Je viens d'acheter un râteau.
   → ....

3. CONJUGUEZ À L'« IMPÉRATIF NÉGATIF ».

a. (provar/Vosaltres) .... aquest fertilitzant, contamina molt.

b. (regar/Tu) .... les plantes el vespre.

c. (sembrar/Nosaltres) .... a l'hivern.

d. (plantar/Vostè) .... arbres fruiters.

VOCABULAIRE

abella, *abeille*
adob, *engrais*
all/s, *ail/s*
arbust/arbustos, *buisson/s, arbuste/s*
aromàtic, *aromatique*
barreja, *mélange*
calor, *chaleur* (subs.), *chaud* (adj.)
camamilla, *camomille*
coincidència, *coïncidence*
compost, *compost*
consell, *conseil*
eliminar, *éliminer*
enciam, *laitue*
entesos, *d'accord*
especie, *espèce*
evitar, *éviter*
excel·lent, *excellent/e*
fertilitzant, *fertilisant*
flor, *fleur*
fruiter, *fruitier*
funcionar, *fonctionner*
herba, *herbe*
hort, *potager*
invasor, *envahisseur*
jardí, *jardin*
males herbes, *mauvaises herbes*
menta, *menthe*
ocupar-se, *s'occuper, prendre soin*
orgànic, *organique*
pala de jardiner, *pelle de jardin*
pastanaga/pastanagues, *carotte/s*
patata, *pomme de terre*
pesticida, *pesticide*
plantar, *planter*
podar, *tailler* (jardinage)
poda, *taille*
rasclet, *râteau*
regadora, *arrosoir*
regar, *arroser*
romaní, *romarin*
sembrar, *semer*
terra, *terre*
utilitzar, *utiliser*

Mai de la vida!, *Jamais de la vie !*
Es nota que, *On voit bien que*
Es veu que, Sembla que, *Il semble que*

4. VRAI OU FAUX ? ÉCOUTEZ L'ENREGISTREMENT ET COCHEZ LA BONNE RÉPONSE.

a. L'home vol plantar plantes aromàtiques. ☐ VRAI ☐ FAUX

b. La dona li aconsella plantar arbustos. ☐ VRAI ☐ FAUX

c. La dona utilitza pesticides. ☐ VRAI ☐ FAUX

d. A la dona li agrada ocupar-se del jardí. ☐ VRAI ☐ FAUX

e. La dona utilitza un adob orgànic. ☐ VRAI ☐ FAUX

30.
SI JE GAGNAIS AU LOTO

SI EM TOQUÉS LA LOTERIA

OBJECTIFS	NOTIONS
• PARLER DE PROJETS DE VIE • EXPRIMER DES PRÉFÉRENCES ET DES GOÛTS	• LES EMPLOIS DU SUBJONCTIF IMPARFAIT • LA FORMATION DU SUBJONCTIF IMPARFAIT

QUI A GAGNÉ AU LOTO ?

Natàlia : Que ferais-tu si tu gagnais à la loterie ?

Daniel : Si je gagnais à la loterie, je voyagerais beaucoup.

Natàlia : Oui, n'est-ce pas ? J'irais dans un endroit exotique. Si je pouvais choisir, j'irais à Formentera.

Daniel : Formentera est une île magnifique, mais tu n'as pas besoin de gagner à la loterie pour t'y rendre.

Natàlia : Tu as raison. Alors, j'achèterais une maison à Formentera.

Daniel : Une petite maison blanche, avec des roses dans le jardin, n'est-ce pas ? Juste pour toi et moi !

Natàlia : Plutôt pour Joan et moi *(pour moi et pour Joan)*. Mais si j'achetais la maison, tu pourrais venir passer les vacances.

Daniel : Que ferais-tu du boulot ?

Natàlia : Si je *(le)* pouvais, je le quitterais et me consacrerais au jardinage.

Daniel : Je ferais aussi ce qui me passionne vraiment, c'est-à-dire *(qui est)* lire et écrire.

Natàlia : Penses-tu qu'un jour nous pourrons gagner à la loterie ?

Daniel : Non. Mais rêver est gratuit...

Natàlia : Je crois que nos rêves peuvent devenir réalité.

Daniel : Peut-être. Pour l'instant, cependant, je retourne au travail, il est tard !

Natàlia : Une chose, Daniel. Joan a gagné à la loterie !

Daniel : Vraiment ? Je n'y crois pas !

Natàlia : Si tu lisais les messages, tu verrais qu'il te l'a dit tout à l'heure ! Toutefois, il ne veut pas d'une maison à Formentera ! Qu'allons nous faire !

QUI HA GUANYAT A LA LOTERIA?

Natàlia: Tu què faries si et toqués la loteria?

Daniel: Si em toqués la loteria, viatjaria molt.

Natàlia: Oi que sí? Jo aniria a algun lloc exòtic. Si pogués triar, aniria a Formentera.

Daniel: Formentera és una illa preciosa, però no necessites que et toqui la loteria per anar-hi.

Natàlia: Tens raó. Aleshores em compraria una casa a Formentera.

Daniel: Una caseta blanca, amb roses al jardí, oi? Només per a tu i per a mi!

Natàlia: Més aviat, per al Joan i per a mi. Però, si em comprés la casa, podries venir a passar les vacances.

Daniel: Què faries amb la feina?

Natàlia: Si pogués, la deixaria i em dedicaria a la jardineria.

Daniel: Jo també faria el que realment m'apassiona, que és llegir i escriure.

Natàlia: Tu creus que algun dia ens pot tocar la loteria?

Daniel: No. Però somniar és gratuït…

Natàlia: Jo crec que els nostres somnis es poden fer realitat.

Daniel: Pot ser. De moment, però, torno a la feina, que és tard!

Natàlia: Una cosa, Daniel. Al Joan li ha tocat la loteria!

Daniel: De debò? No m'ho puc creure!

Natàlia: Si llegissis els missatges, veuries que t'ho ha dit fa una estona ! Ara bé, ell no vol una casa a Formentera! Què hi farem!

■ COMPRENDRE LE DIALOGUE
FORMULES ET EXPRESSIONS

→ **Tocar la loteria**, *gagner à la loterie*. Ici, le verbe **tocar**, *toucher*, a le sens de « gagner », d'« obtenir un bénéfice ». On trouvera également **guanyar a la loteria**, *gagner à la loterie*.

→ **Més aviat** a un double sens : *plus tôt* et *plutôt*. **Més aviat, compraria una casa per al Joan i per a mi**, *Plutôt, j'achèterais une maison pour Joan et moi* ; **Més aviat, cap a les 9h, aniré a comprar**, *Plus tôt, vers 9 h, j'irai faire des courses*.

→ **Què hi farem!**, *Que faire !* ou *Qu'est ce qu'on peut y faire !* est une expression catalane utilisée pour exprimer la résignation voire un sentiment d'impuissance face à une situation difficile ou inévitable.

NOTE CULTURELLE

Una caseta blanca amb roses al jardí, fait référence à une chanson populaire catalane de José Guillén (parolier) et Jordi Domingo (compositeur) intitulée **La Caseta**. En 1960, deux vinyles ont été mis en vente avec cette chanson : l'un chanté par Emili Vendrell i Coutier et l'autre par le groupe « Rudy Ventura y su conjunto ».

Una caseta blanca, amb roses al jardí.
Une petite maison blanche, avec des roses dans le jardin.

Una caseta blanca, només per tu i per mi.
Une petite maison blanche, rien que pour toi et moi.

Que hi hagués dintre de casa tot el dia un raig de sol.
Qu'il y avait dans la maison toute la journée un rayon de soleil.

I a l'eixida un parell d'arbres que hi cantés el rossinyol.
Et à la sortie, quelques arbres, où le rossignol chantait.

◆ GRAMMAIRE
LES EMPLOIS DU SUBJONCTIF IMPARFAIT

L'usage du subjonctif imparfait est courant dans la langue catalane, tout comme c'est le cas dans d'autres langues latines. Si vous trouvez difficile d'assimiler rapidement ce temps verbal, ne vous inquiétez pas, cela viendra naturellement avec le temps. L'essentiel est de reconnaître l'existence de ce temps et de savoir qu'il est utilisé fréquemment.

Le subjonctif imparfait est employé pour décrire des situations peu probables : **Si em toqués la loteria, em compraria una casa**, *Si je gagnais à la loterie, j'achèterais une maison* ; et il est souvent associé à des expressions exprimant des souhaits difficiles à réaliser : **Tant de bo em toqués la loteria**, *J'aimerais gagner à la loterie*.

Il est très fréquemment combiné avec un verbe au conditionnel dans la phrase principale. Ce conditionnel indique généralement l'éventualité d'une situation, des doutes ou des préférences : **Voldria que em toqués la loteria**, *J'aimerais gagner à la loterie*.

▲ CONJUGAISON
LA FORMATION DU SUBJONCTIF IMPARFAIT

Pour créer ce temps, la particule à ajouter au radical aux verbes de la première et la deuxième conjugaison demeure la même : **-és, -essis, -és, -éssim, -éssiu, -essin**. Pour les verbes de la troisième conjugaison, elle change légèrement : **-ís, -issis, -ís, -íssim, -íssiu, -issin**.

1ʳᵉ et 2ᵉ conjugaison		3ᵉ conjugaison
comprar, *acheter*	**perdre**, *perdre*	**llegir**, *lire*
… jo comprés, …*j'achetasse* → …*j'achète*	**… jo perdés**, …*je perdisse* → …*je perde*	**… jo llegís**, …*je lusse* → …*je lise*
… tu compressis, …*tu achetasses* → …*tu achètes*	**… tu perdessis**, …*je perdisses* → …*tu perdes*	**… tu llegissis**, …*tu lusses* → …*tu lises*
… ell comprés, …*il/elle achetât* → …*il/elle achète*	**… ell perdés**, …*il/elle perdît* → …*il/elle perde*	**… ell llegís**, …*il/elle/on lût* → …*il/elle/on lise*
… nosaltres compréssim, …*nous achetassions* → …*nous achetions*	**… nosaltres perdéssim**, …*nous perdissions* → …*si nous perdions*	**… nosaltres llegíssim**, …*nous lussions* → …*nous lisions*
… vosaltres compréssiu, …*vous achetassiez* → …*vous achetiez*	**… vosaltres perdéssiu**, …*vous perdissiez*, …*vous perdiez*	**… si vosaltres llegíssiu**, …*vous lussiez* → …*vous lisiez*
… ells/elles/vostès compressin, …*ils/elles achetassent* → …*ils/elles achètent*	**… ells/elles/vostès perdessin**, …*ils/elles perdissent* → …*ils/elles perdent*	**… ells/elles/vostès llegissin** → …*ils/elles lussent* → …*ils/elles lisent*

Voici quelques exemples avec les verbes proposés :

Si compressis pomes i peres, faria una amanida de fruita, *Si tu achetais* (litt. « achetassiez ») *des poires et des pommes, je ferais une salade de fruits*.

Tan de bo perdessin el partit, *J'aurais aimé/J'aimerais qu'ils perdissent/perdent le match*.

Jo voldria que llegíssiu més llibres, *J'aurais voulu/ Je voudrais que vous lussiez/lisiez plus de livres*.

Attention aux modifications orthographiques nécessaires pour maintenir la sonorité correcte : pour le verbe **tocar**, *toucher* → **toqués, toquessis, toqués, toquéssim, toquéssiu, toquessin** ; pour le verbe irrégulier **poder**, *pouvoir* → **pogués, poguessis, pogués, poguéssim, poguéssiu, poguessin**.

● VOCABULAIRE

apassionar, *passionner, enthousiasmer*
exòtic, *exotique*
loteria, *loterie*
realitat, *réalité*
rosa/roses, *rose/s*
somni, *rêve*
somniar, *rêver*
triar, *choisir*
viatjar, *voyager*
més aviat, *plutôt, plus tôt*

● EXERCICES

1. TRADUISEZ CES PHRASES EN FRANÇAIS.

a. No sé què faria si em toqués la loteria.
→ ....

b. No necessito que em toqui la loteria.
→ ....

c. Els meus somnis es poden fer realitat.
→ ....

d. Tornem a la feina, és tard.
→ ....

e. No m'ho puc creure!
→ ....

2. TRADUISEZ CES PHRASES EN CATALAN.

a. Plutôt, je m'achèterais une maison.
→ ....

b. Que ferais-tu du boulot ?
→ ....

c. Un jour, j'aimerais gagner à la loterie.
→ ....

d. Pour l'instant, je voyagerais.
→ ....

e. Lire me passionne.
→ ....

3. ÉCOUTEZ LE DIALOGUE ET REMPLISSEZ AVEC LES MOTS QUI MANQUENT.

a. Què .... si ens toqués la loteria?

b. No .... que ens toqui la loteria.

c. Tu et .... una casa amb jardí.

d. Tant de bo .... més.

4. VRAI OU FAUX ? ÉCOUTEZ LE DIALOGUE ET COCHEZ LA BONNE RÉPONSE.

32
a. A l'home li ha tocat la loteria. ☐ VRAI ☐ FAUX

b. L'home es comprarà una casa. ☐ VRAI ☐ FAUX

c. A l'Aina no li ha tocat la loteria. ☐ VRAI ☐ FAUX

d. A l'Aina li ha tocat la grossa. ☐ VRAI ☐ FAUX

e. L'home podrà menjar molt bé. ☐ VRAI ☐ FAUX

LES CORRIGÉS DES EXERCICES

NOTE

Vous trouverez dans les pages qui suivent tous les corrigés des exercices proposés dans les modules qui précèdent. Les exercices enregistrés sont signalés par le pictogramme 🔊 accompagné du n° de piste en streaming. Ils se trouvent sur la même piste que le dialogue de la leçon, à la suite de celui-ci ; ils portent donc le même numéro de piste.

INTRODUCTION

a. cat<u>a</u>lana b. infor<u>mà</u>tica c. profe<u>s</u>-<u>sor</u> d. <u>mú</u>sica e. <u>on</u>cles f. mera<u>ve</u>lla g. ger<u>mà</u> h. foto<u>gra</u>fia i. aniver<u>sa</u>ri j. a<u>mic</u> k. vi<u>vim</u> l. re<u>cord</u> m. <u>fòr</u>mula

1. PREMIÈRE RENCONTRE REMENT

1. a. Bonjour Alba. Comment vas-tu ? b. Je suis chanteur/chanteuse. Et toi ? c. Joan parle catalan, espagnol et français. d. Tu es d'où ? Tu n'es pas de Barcelone, n'est-ce pas ? e. J'étudie les langues mais je suis informaticien.

2. a. Ella és periodista. És informàtica. b. La professora és de Barcelona. c. Ella també és informàtica. d. Ella és la degana. e. Jo no soc metgessa, soc cantant.

3. a. és/espera b. treballa/parla c. estàs/estic d. és

03 🔊 4. a. FAUX b. VRAI c. VRAI d. FAUX e. VRAI

DIALOGUE

Santiago: Hola! Tu ets l'Anna?
Eva: No, soc l'Eva.
Santiago: Ets la professora de francès, oi?
Eva: Sí, soc la professora de francès i de català. I tu?
Santiago: Jo soc el Santiago. Soc portuguès, de Lisboa.
Eva: Ets el professor de portuguès?
Santiago: No, jo soc periodista. El professor de portuguès és el meu amic. I tu, d'on ets?
Eva: Soc de Girona, una ciutat molt maca.

2. LA FAMILLE

1. a. Comment tu t'appelles ? Je suis Albert. b. Ce garçon est ton fils ? c. Mon frère s'appelle Joan. d. Ces deux hommes sont mon oncle et son fils. d. Tu as un cousin et une cousine.

2. a. Elles són les meves àvies. b. Aquests homes són els nostres germans. c. Qui són aquests homes? d. Aquestes fotos són molt maques. e. Aquestes noies són les meves cosines.

3. a. es diu/És b. té/es diu/és c. et dius/em dic d. són

04 🔊 4. a. FAUX b. VRAI c. VRAI d. VRAI e. FAUX

DIALOGUE

Laia: Bon dia. Em dic Laia, i aquesta és la meva germana Maria.
Joan: Molt de gust. Jo soc el Joan. I aquest és el meu cosí Gerard.
Laia: No tens germans?
Joan: Sí, tinc un germà gran. Es diu Jaume.
Laia: Nosaltres també tenim un germà, el Miquel.
Joan: Aquesta foto és molt maca. És la teva família?
Laia: No, és una foto antiga, però no és la meva família. Aquest noi és un amic, i aquesta nena és la seva filla.

3. ANNIVERSAIRE

05 🔊 1. a. Té el cabell negre. b. No. Té els ulls marrons. c. Demà fa trenta anys.

La Laia és la meva companya. És alta i prima. Té el cabell negre i els ulls marrons. És molt guapa. Fem molt bona parella. Té vint-i-nou anys, però demà és el seu aniversari i fa trenta anys.

05 🔊 2. a. set (7) b. dotze (12) c. disset (17) d. vint-i-un (21) e. vuit (8)

3. a. Demà és el meu aniversari. b. Quants anys té? c. Faig una festa per celebrar-lo. d. [Nosaltres] vivim junts.

4. a. dediqueu b. fa c. visc d. té

4. VISITER LA VILLE

06 🔊 1. a. VRAI b. FAUX c. VRAI d. FAUX

DIALOGUE

Joan: Què vol fer a la ciutat?
Laia: Vull passejar. Té informació d'alguna ruta turística?
Joan: Sí. Pot visitar la ciutat medieval.
Laia: Puc llogar un cotxe?
Joan: Per visitar la comarca? Sí, aquí té un fulletó. Quant de temps s'està a Girona?
Laia: Tres dies, per feina, però vull conèixer la ciutat i la regió.
Joan: També pot anar als banys àrabs i al barri jueu.

06 🔊 2. a. feina b. venen c. hi ha d. temps e. Ens estem/alguns

3. a. Vull visitar la regió. b. Volem conèixer la ciutat. c. Podeu llogar un cotxe. d. Organitzeu alguna sortida?

4. a. conec b. t'estàs c. organitzem d. volen

5. QUE FAIT-ON ?

1. a. Tu fais quoi, demain ? Aujourd'hui et demain je reste à la maison. b. Cette semaine on va au théâtre. c. Ce soir, Mercè a besoin de rentrer tôt. d. Je ne sais pas, j'en doute. e. Vous avez raison, le film est cet après-midi.

2. a. Qui b. Què c. Quan d. On

3. a. us sembla/anem b. preferiu c. em quedo d. comença

07 🔊 4. a. FAUX b. FAUX c. VRAI d. VRAI

DIALOGUE

Joan: Sara, avui podem sortir a passejar.
Sara: Avui prefereixo quedar-me a casa, podem sortir demà.
Joan: Aleshores aquest vespre veiem una pel·lícula.
Sara: Bona idea, què veiem?
Joan: Podem veure Salvador o Incerta glòria.

6. FAIRE DES CHOIX

1. a. Je prépare du café. Vous en voulez ? b. Je te prépare un café ou tu préfères un café ? c. Je préfère prendre un thé au lait. d. J'aime le lait chaud. e. Je vais acheter les céréales à l'épicerie.

2. a. la b. els c. M' d. t' e. et

08 🔊 3. a. m'agrada/sense b. dinar/xocolata c. faig/Millor d. preparar/tallat/freda

08 🔊 4. a. FAUX b. FAUX c. VRAI d. VRAI

DIALOGUE

Joan: Eulàlia, vas a comprar cafè?
Eulalia: Vaig a comprar moltes coses : cafè, cereals, llet, te. Vols alguna cosa més, Joan?
Joan: M'agradaria tastar les galetes de la botiga ecològica.
Eulalia: D'acord, compro les galetes, i també xocolata.
Joan: Millor vas a comprar després de dinar, no?
Eulalia: Prefereixo sortir ara, després és tard i la botiga és lluny.

7. JOUER DE LA MUSIQUE

1. a. Il joue de la flûte depuis longtemps, il doit être expert/il doit en

savoir beaucoup. b. Cette semaine, je ne peux pas venir. c. Aujourd'hui j'ai un concert. Je dois pratiquer beaucoup. d. Il faut acheter le billet. e. Depuis quand [combien de temps] joues-tu du piano ?

2. a. Fa/Des de fa b. des de fa c. des de d. des de

09 🔊 3. a. molt nerviós b. des de fa c. professor de guitarra. d. Fa un any

09 🔊 4. a. FAUX b. VRAI c. FAUX d. FAUX

DIALOGUE

Pol: Vull tocar un instrument però no sé si fer flauta o trompeta.
Carla: T'agraden els instruments de vent? Jo toco el saxo.
Pol: Puc parlar amb la teva professora de música?
Carla: És clar, ella en sap molt, i també toca en una orquestra.

8. DEMANDER L'HEURE

1. a. 22 h b. 13 h 15 c. 16 h 45 d. 12 h 05 e. 14 h 30

10 🔊 **ENREGISTREMENT**

a. Són les deu del vespre. b. És un quart de dues. c. Són tres quart de cinc. d. Són les dotze i cinc. e. Són dos quarts de tres.

2. a. Je fais des travaux dans l'appartement, je souhaite rénover la salle de bains et la cuisine. b. Le lavabo fuit, je cherche (je suis en train de chercher) un plombier. c. À 22 h, nous avons rendez-vous avec les voisins. Je m'en vais. d. Nous sommes en retard, il est 18h50 (sept heures moins dix). On part ? e. Je m'achète (je suis en train de m'acheter) une maison, c'est une très grosse dépense.

10 🔊 3. a. és hora b. D'aquí una estona c. vull passar d. dos quarts de vuit e. Estic buscant

10 🔊 4. a. FAUX b. FAUX c. VRAI d. FAUX

DIALOGUE

Jaume: Quina hora és?
Laia: És l'hora de fer el cafè.
Jaume: Ja són les deu?
Laia: Son les deu i cinc. Fem una pausa?
Jaume: Ja estem acabant, esperem un quart d'hora.
Laia: D'acord. Cap a quina hora ve l'electricista?
Jaume: Cap a les quatre. Ha de fer la instal·lació elèctrica.
Laia: I el lampista a quina hora ve?
Jaume: El lampista ve demà a les dues.

9. TÂCHES MÉNAGÈRES

1. a. Les mathématiques ne me plaisent pas. Je préfère la physique. b. Je vois que tu es très motivé/e. c. Le soir je veux nettoyer l'appart. d. Je prends ma journée. e. L'après-midi, je reste à la maison.

2. a. tampoc b. no c. cap d. Ningú e. mai

11 🔊 3. a. massa/tarda b. eficaç/m'agafo c. cap/amics/quedo d. sortim/netejar

11 🔊 4. a. VRAI b. VRAI c. FAUX d. FAUX

DIALOGUE

Elena: Surto a dinar, Ricard. Vols venir?
Ricard: Sí que vinc. He de netejar la casa però em fa molta mandra.
Elena: Jo estic cansada d'estudiar, he de descansar una mica.
Ricard: Poso una rentadora i sortim.

A la tarda podem estudiar junts.
Elena: Podem fer física i una mica de matemàtiques. I després netegem el pis : t'agrada més treure la pols o planxar?
Ricard: Prefereixo no fer res.

10. CHERCHER DU TRAVAIL

1. a. Ce printemps Anna travaillait comme caissière dans le supermarché du quartier. C'était intéressant. b. Ils cherchent quelqu'un avec de l'expérience, je pense que cela pourrait t'intéresser. c. Hier à 8 h, Joan consultait déjà des annonces de travail. d. Je me trompe toujours lorsque je rends la monnaie. e. Il y avait un boulot de week end de cuisinier.

2. a. buscava b. fèiem c. hi havia d. consultaven e. era

12 🔊 3. a. anuncis b. hi havia c. cambrer d. hi ha e. Abans f. feien

12 🔊 4. a. FAUX b. VRAI c. FAUX d. FAUX

DIALOGUE

Ricard: Suposo que no vols cuinar, oi?
Anna: No, gràcies! Prefereixo anar al restaurant i menjar bé.
Ricard: És clar! Vols que anem al bar del Joan? També fan menjar.
Anna: Sí, abans feien uns ous amb patates molt bons. Hi anem?
Ricard: Què fem amb els nens? Truquem a la cangur?
Anna: La cangur treballava de cambrera aquest vespre.
Ricard: Llàstima! Podem anar amb els nens.
Anna: Tranquil, la meva mare ve ara!

11. UNE TRADITION

1. a. Le ciel est bleu et la nuit est sombre. b. Qu'est-ce que vous voulez dire ? Ce n'est pas la faute des médias. c. Cette année, il pleut plus que l'année dernière. d. Avant, les gens célébraient plus de choses. e. Les scientifiques pensent que l'atmosphère est différente.

2. a. s'adonava/era b. llegia c. pensàvem/teníem d. celebrava e. mirava

13 🔊 3. a. tants/increïble b. menys/molts c. Raó/surt d. qualsevol/món e. estrella/tan

13 🔊 4. a. FAUX b. VRAI c. VRAI d. FAUX

DIALOGUE

Pau: La lluna és més gran que el sol.
Maria: Quina bestiesa! El sol és molt més gran que la lluna.
Pau: Ja ho sé, soc científic. Feia broma!
Maria: Avui no és el dia dels Sants Innocents.
Pau: Ja ho sé, però a tu no t'agrada fer broma?
Maria: D'acord, molt divertit. Quina nit més fosca. Vols sortir a mirar les estrelles?
Pau: Bona idea, però a la ciutat és difícil veure el cel.
Maria: Doncs anem a qualsevol lloc, em ve de gust sortir.

12. ROUTINE QUOTIDIENNE

1. a. Cette fille me plaît beaucoup, de temps en temps nous pouvons sortir prendre un café. b. Tu débarrasses la table et je range la chambre. c. Je pensais m'inscrire à la salle de sport et aller souvent courir. d. Souvent, je prends ma douche le matin, mais parfois vais-je prends ma douche le

soir. e. Je fais du sport trois fois par semaine.

2. a. li b. es c. m' d. ens e. ens

14 🔊 3. a. Sempre/abans b. rellotge/de vegades c. cau/sovint d. després/endreço

14 🔊 4. a. FAUX b. VRAI c. FAUX d. VRAI

DIALOGUE

Ell: Pots desparar la taula?
Ella: Sí, és clar. Per cert, podem convidar la Clara a dinar aquest vespre?
Ell: Aquest vespre no, perquè treballo. Sovint treballo els dissabtes. Pot venir demà.
Ella: Molt bé. Si vols, jo avui endreço la casa, jo no treballo.
Ell: D'acord, aleshores, demà jo faig el sopar.

13. FAIRE DU SHOPPING

1. a. Josep adore ce marché. Il y a beaucoup de vêtements. b. J'aime aussi les vêtements d'occasion. J'essaie ce pantalon. c. On garde la jupe et le pull. Ils coûtent combien ? d. Le manteau coûte dix euros. Je paie et je pars. e. Je ferais mieux de chercher des vêtements moins chers, ceux-ci sont très chers.

2. a. vam pagar b. va necessitar c. vas parlar d. vaig

15 🔊 3. a. jerseis/negre b. Aquest/aquell c. m'emprovo/barat d. targeta/efectiu

15 🔊 4. a. FAUX b. FAUX c. FAUX d. VRAI

DIALOGUE

Ell: El mes passat vam anar a comprar roba. M'encanta la roba de segona mà.

Ella: A mi també m'agrada. A més, és més barata. Ara necessito comprar un parell de pantalons, però són massa cars.
Ell: Vols dir? Es pot pagar amb targeta?
Ella: Sí, pots pagar amb targeta i en efectiu. T'agrada aquesta brusa?
Ell: M'encanta, però tu volies uns pantalons, no?
Ella: Sí, però aquesta brusa és molt maca.

14. SE SENTIR MALADE

1. a. Je suis épuisée, j'ai besoin de me reposer un peu. b. J'aime beaucoup cette artiste. c. J'ai mal partout, peut-être que j'ai de la fièvre. d. Demain nous nous reposons, aujourd'hui nous pouvons aller au musée. e. J'espère ne pas me sentir pire, je veux aller à la plage. .

2. a. es / li b. ens / ens c. m' / m' d. et / et e. ens / us

16 🔊 3. a. trobes/prefereixes b. estona/seiem c. excursions/peus d. agrada/artista

16 🔊 4. a. VRAI b. FAUX c. FAUX d. VRAI

DIALOGUE

Santi: Aquesta platja és preciosa, la sorra és molt fina.
Esther: A mi també m'agrada, però prefereixo la muntanya.
Santi: Seiem a descansar una mica? Necessito descansar.
Esther: Després anem a Cadaqués a passejar una estona.
Santi: Millor hi anem demà, avui estic esgotat.
Esther: D'acord, en aquesta platja estem molt bé.

15. AU RESTAURANT

1. a. On veut une eau pétillante et un verre de vin blanc. b. Nous vous recommandons les desserts faits maison, ils sont délicieux. c. Je leur apporte tout de suite [maintenant] le menu et un peu de **pa amb tomàquet** [pain avec de la tomate]. d. Je vais prendre le menu végétarien et prendrai du riz avec de la salade. e. Je suis affamé, j'ai besoin de manger quelque chose.

2. a. boníssima b. tardíssim c. caríssimes d. joveníssim e. moltíssim f. dificilíssim

3. a. recomano b. trinxat c. vegetariana d. boníssim f. afamat

4. a. FAUX b. FAUX c. FAUX d. VRAI

DIALOGUE

Client: Bon dia, em pot portar la carta, si us plau?
Cambrera: Aquí la té. Li proposo l'arròs amb samfaina i els calçots.
Client: No tinc gaire gana. Només vull una amanida i un got de vi blanc.
Cambrera: No vol res més amb l'amanida ? Tenim una escalivada molt bona.
Client: L'escalivada em ve molt de gust. Gràcies.
Cambrera: Aleshores li porto l'amanida de primer i l'escalivada de segon.
Client: Només l'escalivada. Puc menjar amanida aquest vespre.
Cambrera: I de postres, vol alguna cosa?
Client: Encara que no tinc gana, em ve molt de gust la crema catalana.

16. ORGANISER LES VACANCES

1. a. Cette semaine, je vais la passer seul à la maison. b. Nous allons rester quelques jours par ici. c. Je reste à Gérone pour le travail. d. En octobre, une exposition est inaugurée. e. En juillet il va y avoir beaucoup de touristes. f. Je sors maintenant, vous sortirez après.

2. a. anirà b. sortirem c. hi haurà d. fareu e. em quedaré

3. a. aniré/quedaré b. gust/exposició c. trobo/gent d. inauguren/arxiu

4. a. FAUX b. VRAI c. FAUX d. FAUX

DIALOGUE

Marc: Anna, el proper cap de setmana aniré a la platja. Vols venir?
Anna: Em sembla que hi haurà massa gent.
Marc: Tens raó. I si anem a les Festes de Gràcia?
Anna: Genial! Em ve molt de gust. Ens ho passarem molt bé. Li ho podem proposar al Joan, viu a Gràcia.
Marc: El Joan no hi serà, marxa a Cadaqués tot el mes d'agost.
Anna: A Cadaqués? De vacances o per feina? Jo hi aniré a l'octubre, per feina.
Marc: Ell hi va de vacances, li anirà molt bé!

17. QU'AS-TU FAIT AUJOURD'HUI ?

1. a. Aujourd'hui je ne vous ai pas vu de toute la journée. b. Nous sommes allés nous dégourdir les jambes un moment. c. J'ai acheté les billets, mais les prix ont augmenté. d. J'ai un rendez-vous pour aller au cinéma, voulez-vous venir ? e. Ce week-end, je me suis occupé de la déclaration de revenus.

2. a. ha anat/han fet b. heu visitat/hem quedat c. ha dit/hem vist d. has vingut/he decidit

19 🔊 3. a. – Hola! Què has fet avui? No t'he vist en tot el dia. b. – Hola! No he parat. A primera hora he anat a fer un passeig. D'ara endavant ho faré més sovint. c. – Molt bé. Jo també he sortit a estirar les cames una estona. d. – A la tarda, de sobte, m'he adonat que encara no m'he inscrit a la universitat. e. – Ai, sí! Jo ja ho he fet. Quanta paperassa, oi? f. – Sí, i tant! I tu, on vas ara? g. – Ara he quedat amb una amiga. Vols venir? h. – Gràcies, però no puc. Tinc cita al banc. Fins aviat!

19 🔊 4. a. VRAI b. FAUX c. VRAI d. VRAI

DIALOGUE

Estel: Avui el Joan i jo volíem estirar les cames i hem anat a fer una passejada prop del mar, però ens hem perdut!
Toni: I què heu fet? Heu trucat algú?
Estel: No. Hem decidit seguir l'excursió i ens ho hem passat molt bé. Al final hem arribat a la platja.
Toni: I hi havia gent?
Estel: Hi havia molts turistes. Jo estava esgotada.
Toni: És clar. I aleshores què heu fet?
Estel: Hem trobat un restaurant i hem menjat molt.
Toni: Tot ha acabat bé, doncs.
Estel: Toni, si et ve de gust, un altre dia podem fer una excursió per la muntanya tots tres.
Toni: No ho sé, ho dubto…

18. CHEZ LE MEDECIN

1. a. Je suis malade et je ne me sens pas bien. b. Je dois lui prendre la tension. Avez-vous des difficultés à respirer ? c. J'ai la tension artérielle élevée et un mal-être général, mais je n'ai pas de fièvre. d. Pouvez-vous me prescrire du sirop contre la toux ? e. Voici les médicaments, vous avez une petite anémie.

2. a. fa b. cop c. mentre d. durant

3. a. deu b. cal c. poden d. han

20 🔊 4. a. marejada b. fer-se c. sembla d. caldrà

20 🔊 5. a. VRAI b. FAUX c. VRAI d. VRAI

DIALOGUE

Pacient: Doctor, fa dies que em trobo malament. No tinc febre, però estic marejada.
Metge: Té tos?
Pacient: Una mica. Ahir tenia molt mal de cap, però avui em trobo millor.
Metge: No té mal de coll?
Pacient: No, però esternudo una mica.
Metge: Deu haver agafat fred. Té la tensió normal.
Pacient: Em pot receptar alguna cosa ?
Metge: Pot prendre paracetamol, però sobretot ha de descansar.
Pacient: Sí, treballaré des de casa.
Metge: Li he dit que ha de fer repòs, no endur-se la feina a casa.

19. ENTRETIEN D'EMBAUCHE

1. a. La mode m'intéresse. b. Je travaille dans une agence de publicité. c. La femme est aimable et créative. d. J'ai eu des soucis avec mon chef. e. Nous nous arrêtons ici, je vous appellerai plus tard.

2. a. ens b. els c. els d. m'

21 🔊 3. a. laboral b. formació c. dinàmica

d. botiga e. perfil f. augment

21 🔊 4. a. VRAI b. VRAI c. FAUX d. FAUX

DIALOGUE

Entrevistadora: Té experiència laboral?
Candidat: Vaig treballar com a guia turístic un mes.
Entrevistadora: No és gaire. Per què vol treballar en la nostra empresa?
Candidat: Perquè necessito treballar un parell de mesos.
Entrevistadora: Un parell de mesos? I després?
Candidat: Després vull marxar a l'estranger. No vull treballar tot l'any.
Entrevistadora: Vaja… Crec que el seu perfil no ens interessa.
Candidat: Per què? Sóc amable i comunicatiu.
Entrevistadora: M'interessa trobar una persona responsable. Ho deixem aquí.

20. COMMENT ALLER À ?

1. a. Comment nous rendre au Parc Güell ?. b. Je te recommande d'y aller par le Passeig de Gràcia. c. Il faut compter quelques jours pour visiter toute la ville. d. Je vous recommande de faire l'itinéraire moderniste à pied. e. Depuis l'avenue, tournez à droite et continuez tout droit. f. Nous venons de partir, la Sagrada Família est très loin.

2. a. segueix b. continuem c. giri d. aneu e. caminin

22 🔊 3. a. girar/esquerra b. aconsello/fins a c. lluny/continueu d. travessa/continua

22 🔊 4. a. FAUX b. VRAI c. VRAI d. VRAI

DIALOGUE

Home: Com puc anar des d'aquí fins a la plaça Catalunya?
Dona: És una mica lluny. Continuï tot recte, giri a la dreta i després a l'esquerra.
Home: No sembla gaire lluny.
Dona: Calculi una hora. Li aconsello anar en autobús.
Home: M'agrada caminar, aniré a peu. És interessant visitar la plaça Catalunya?
Dona: I tant! És al centre de la ciutat, al final de les Rambles. Hi ha dues fonts i és molt gran. Sempre hi ha molta gent.
Home: Som-hi doncs!

21. DANS UNE AGENCE BANCAIRE

1. a. Vous devez me retourner signé ce formulaire. b. Je souhaite demander un prêt. c. Donnez-moi votre passeport. d. Cette banque est la plus intéressante.

2. a. En què el puc ajudar? b. Aquí té el justificant de domicili. c. Per descomptat.

3. a. Ajudi'm! (vostè) b. Deixa'm (tu) c. Doni'm (vostè) el passaport

23 🔊 4. a. caixer b. rebré c. nòmina

23 🔊 5. a. VRAI b. FAUX c. VRAI d. FAUX

DIALOGUE

Pep: Imma, vull demanar un préstec al banc, vens?
Imma: Tens cita?
Pep: Sí, és clar.
Imma: D'acord. Aprofitaré per passar pel caixer i treure diners.
Pep: Bona idea.
Imma: Tens la nòmina domiciliada al banc?

Pep: Per descomptat. També tinc domiciliats els pagaments dels rebuts de la llum, del gas, de l'aigua i del telèfon.
Imma: Agafa la teva targeta i el DNI.
Pep: Sí, i aquest formulari també.

22. BONNÉE ANNÉE

1. a. Bonne Année ! Qu'est-ce que les Rois mages t'ont apporté ? b. En Catalogne, nous aimons célébrer Noël et la Saint Etienne. c. Nous sommes rassasiés (litt. « pleins », « très remplis ») de tourons et **polvorons**. d. J'ai eu du mal à trouver le **caganer** dans la crèche. e. C'est mon premier réveillon du Nouvel An en Catalogne.

2. a. A les meves amigues els agraden aquestes tradicions. b. Per Nadal, podem visitar les exposicions. c. Aquests torrons són molt dolços. d. M'agraden aquestes platges, podem fer les festes aquí.

3. a. celebrat b. revetlla c. torrons d. pessebre e. cavalcada f. antigues g. raïm

4. a. FAUX b. FAUX c. VRAI d. VRAI

DIALOGUE

Josep: Molts anys i bons, Maria! Aquest Nadal he fet el pessebre.
Maria: Hi vas posar el caganer?
Josep: El caganer no pot faltar mai.
Maria: Jo vaig anar a la cavalcada de Reis, hi havia molta gent.
Josep: És la tradició preferida dels nens. A mi m'agrada fer cagar el tió.
Maria: Però tu ets gran!
Josep: M'agraden totes les festes.
Maria: A mi també, m'encanta la Nit de Cap d'Any.

23. RÉSERVER UN HÔTEL

1. a. Voldria reservar una habitació. b. Quin dia tenen previst d'arribar? c. El meu marit va en cadira de rodes. d. Em sap greu. Arribo la setmana que ve [la setmana vinent]. e. L'esmorzar no està inclòs.

2. a. quaranta-cinc b. cinquanta-vuit c. seixanta-set d. setanta-sis e. vuitanta-vuit f. noranta-nou g. cent vint-i-cinc

3. a. arribaria b. perdria c. voldríem d. serviria e. Hauries f. podria

4. a. reservar b. compte c. esmorzar d. trenta-set e. M'estimaria

5. a. FAUX b. VRAI c. FAUX d. VRAI

DIALOGUE

Recepcionista: Bon dia, Hotel Colom, digui?
Client: Bon dia. Voldria fer una reserva per a la setmana que ve.
Recepcionista: Quantes nits serien?
Client: Dues nits, de dijous a dissabte.
Recepcionista: Habitació individual?
Client: Sí, gràcies. Quin preu tè?
Recepcionista: Son vuitanta euros la nit.
Client: Voldria incloure l'esmorzar.
Recepcionista: Aleshores son noranta euros.
Client: Perfecte. Gràcies.

24. SPORTS D'AVENTURE

1. a. S'ha de [Cal] preparar el regal. b. És un esport extrem. c. Podríem fer pònting [un salt de pont]. d. Li encanta navegar.

2. a. si no b. sinó c. sinó d. si no

3. a. en comptes b. hem tingut en compte c. anar amb compte

26 🔊 4. a. esports b. a punt c. perillós d. compte

26 🔊 5. a. FAUX b. FAUX c. VRAI d. VRAI

DIALOGUE

Aram: T'agraden els esports d'aventura?
Martina: Sí, sobretot m'agrada fer vies ferrates.
Aram: A mi també. Podríem fer una via ferrata aquest dissabte.
Martina: I si fem pònting?
Aram: Ui, no! Quina por! Prefereixo saltar en paracaigudes!
Martina: Vols fer un salt en paracaigudes? Perfecte. M'informaré dels preus aquesta tarda.
Aram: Millor no, millor pugem en globus. També és un esport d'aventura, no?
Martina: Crec que no és un esport. Fem una via ferrata, decidit!

25. ESCAPADE DE WEEK-END

1. a. Il reste deux semaines pour aller à Ibiza. b. Au lieu de rester ici, je veux aller visiter la ville. c. Je veux aussi aller à la plage. d. Êtes-vous déjà allé sur l'île ? e. On m'a conseillé de goûter les salades et les tartes salées.

2. a. El cap de setmana, vull anar a la platja. b. T'aconsello que tastis l'amanida. c. Vaig viure à Eivissa dos anys. d. Podria anar a dinar à Sant Rafel.

3. a. facis. b. vagis c. perdeu d. lloga

27 🔊 4. a. enlloc b. Enlloc c. platges d. formatge e. proposeu f. exagerat

27 🔊 5. a. VRAI b. VRAI c. VRAI d. VRAI

DIALOGUE

Pau: Patrícia, vull anar a la platja aquest cap de setmana.
Patrícia: Ja són vacances, Pau?
Pau: Falten tres setmanes perquè comencin les vacances. Només vull anar a la platja el dissabte.
Patrícia: Bona idea.
Pau: Vols venir?
Patrícia: És clar. M'han aconsellat la Platja de l'illa Blanca.
Pau: Tu ja hi has estat?
Patrícia: Hi aniré aquest dissabte, amb tu.

26. FAIRE LA FÊTE

1. a. Il y a une discothèque tout prêt d'ici. b. Nous pouvons réserver à nouveau. c. Tant que nous rentrons tôt, nous pouvons sortir danser. d. Quand je sors, je ne prends pas d'alcool. e. Je suis allé/e boire un verre avec des amis.

2. a. tan b. tan c. tant d. tanta e. tan

28 🔊 3. a. Aleshores b. divertit c. aixecar d. mentre e. vora

28 🔊 4. a. FAUX b. VRAI c. VRAI d. VRAI

DIALOGUE

Miquel: Noe, sortim a fer unes copes?
Noe: Mentre no siguin amb alcohol, d'acord. Podem anar aquí a la vora.
Miquel: Em sembla bé. Vols que reservi per sopar?
Noe: Mentre no sigui massa tard, endavant!
Miquel: Vols que després anem a escoltar música en directe?
Noe: No, avui no. Estic molt cansada.
Miquel: Jo tampoc m'aguanto dret. Hi podem anar un altre dia.
Noe: Fem això : anem a sopar i a prendre una copa.

27. PRÉPARER LE MARATHON

1. a. Je ne pense pas que ce soit facile de préparer le marathon. b. Les chaussures de sport me font mal. c. L'entraîneur qui travaille dans le gymnase m'aide. d. J'espère ne pas me blesser. e. Mon objectif est d'atteindre la ligne d'arrivée.

2. a. puguis b. sigui c. porteu d. aconselli e. entreneu

29 🔊 3. a. objectiu b. còmodes c. energia d. preparats

29 🔊 4. a. FAUX b. FAUX c. VRAI d. FAUX

DIALOGUE

Carla: He parlat amb l'entrenador del gimnàs. Li he dit que volem preparar la marató.
Marc: Què t'ha dit?
Carla: No creu que sigui fàcil i ens aconsella que fem un entrenament gradual.
Marc: Suposo que és per evitar lesions.
Carla: Hem de cuidar l'alimentació i menjar bé.
Marc: També és necessari portar un calçat còmode.
Carla: Jo no tinc sabates d'esport.
Marc: T'aconsello que et compris vambes per córrer.
Carla: El meu objectiu és acabar la cursa. I el teu?
Marc: Jo no crec que pugui arribar a la meta, cal preparar-se molt.

28. À LA GARE

1. a. Comment se fait-il que vous ne m'appeliez pas ? b. Premièrement/Tout d'abord, j'ai besoin d'un vol ; deuxièmement, je dois me rendre à l'aéroport. c. Tu pars aujourd'hui ou demain ? Quand reviens-tu ? d. Aujourd'hui, il n'y a pas de train pour Valence. e. Mieux vaut prendre un taxi.

2. a. Jo me'n vaig demà. b. Elles se'n van en tren. c. Joan! Maria! Vosaltres us n'aneu avui, oi? d. Anireu més depressa en tren que en avió. e. El tren no és tan car com el cotxe.

30 🔊 3. a. de pressa b. ràpid c. truqueu d. contamina

30 🔊 4. a. VRAI b. FAUX c. VRAI d. FAUX e. VRAI

DIALOGUE

Home: No sé si anar en tren o en avió.
Dona: On vas? Vas a Alacant?
Home: No, vaig a Mallorca.
Dona: A Mallorca no pots anar en tren ! És una illa!
Home: És clar. Però a l'aeroport hi ha vaga. No sé si puc prendre un vol.
Dona: D'entrada, com és que vas a Mallorca?
Home: Vaig a treballar.
Dona: Per què no marxes un altre dia?
Home: Prefereixo marxar avui. Et truco quan arribi a Mallorca.
Dona: Bona sort!

29. JARDINER

1. a. Que me conseillez-vous de planter ? b. Je plante de la laitue ou des pommes de terre ? c. Vous devez éviter d'utiliser des pesticides. d. Nous venons juste d'arracher les mauvaises herbes. e. On voit bien que vous aimez prendre soin du jardin.

2. a. Fa una setmana que hi penso. b. Mai de la vida [De cap manera]. Utilitzo adob orgànic. c. Planta flors, no plantis enciams. d. Rego les plantes a les hores de menys calor. e. Acabo de comprar un rasclet.

3. a. No proveu b. No reguis c. No sembrem d. No planti

4. a. FAUX b. FAUX c. FAUX d. VRAI e. VRAI

DIALOGUE

Home: No sé si plantar plantes aromàtiques o enciam.
Dona: Planta flors per a les abelles.
Home: És una bona idea, gràcies pel consell.
Dona: Jo he plantat arbustos i un arbre fruiter.
Home: Quin pesticida utilitzes?
Dona: No utilitzo pesticides, utilitzo un adob orgànic.
Home: El teu hort és magnífic.
Dona: Gràcies. M'agrada ocupar-me del jardí.

30. SI JE GAGNAIS AU LOTO

1. a. Je ne sais pas ce que je ferais si je gagnais à la loterie. b. Je n'ai pas besoin de gagner à la loterie. c. Mes rêves peuvent devenir réels/réalité. d. Retournons au boulot, il est tard. e. Je n'y crois pas !

2. a. Més aviat, em compraria una casa. b. Què faries amb la feina? c. Un/Algun dia, voldria que em toqués la loteria / voldria guanyar a la loteria. d. De moment, (jo) viatjaria. e. Llegir m'apassiona.

3. a. faríem b. necessitem c. compraries d. llegissis

4. a. VRAI b. FAUX c. VRAI d. FAUX e. VRAI

DIALOGUE

Home: M'ha tocat la loteria.
Dona: De debò? No m'ho puc creure!
Home: El meu somni s'ha fet realitat.
Dona: Jo crec que els nostres somnis es poden fer realitat.
Home: Què faríeu, l'Aina i tu, si us toqués la loteria?
Dona: D'entrada, ens compraríem una casa!
Home: Jo, de moment, menjaré força bé.
Dona: Per què no deixes la feina?
Home: He guanyat a la loteria del supermercat, no la Grossa !

MÉMOS GRAMMAIRE & CONJUGAISON

1. L'ALPHABET CATALAN

Voici l'alphabet et le nom de chaque lettre.

A, a	*a*	**K, k**	*ca*	**U, u**	*u*
B, b	*be*	**L, l**	*ela*	**V, v**	*ve baixa*
C, c	*ce*	**M, m**	*ema*	**W, w**	*ve doble*
D, d	*de*	**N, n**	*ena*	**X, x**	*ics*
E, e	*e*	**O, o**	*o*	**Y, y**	*i grega*
F, f	*efa*	**P, p**	*pe*	**Z, z**	*zeta*
G, g	*ge*	**Q, q**	*cu*		
H, h	*hac*	**R, r**	*erra*		
I, i	*i*	**S, s**	*essa*		
J, j	*jota*	**T, t**	*te*		

* En catalan, nous rencontrons le **ç**, appéllée **ce trencada**, *c cedille*. Il s'agit de la lettre **c** de l'alphabet catalan, prononcée **[s]** devant les voyelles **a**, **o**, **u** ou en fin de mot. **França**, *France*.

2. LES PRONOMS SUJET

Singulier	Pluriel
jo, *moi, je*	**nosaltres**, *nous*
tu, *toi, tu*	**vosaltres**, *vous* (pluriel de *tu*)
ell/ella, *lui, il/elle*	**ells/elles**, *eux, ils/ elles*
vostè, *vous* (politesse sing.)	**vostès**, *vous* (politesse pl.)

3. LES ADJECTIFS ET PRONOMS DÉMONSTRATIFS

• **Aquest**, *ce*/ **aquesta**, *cette*/ **aquests**, *ces*/ **aquestes**, *ces* pour les personnes ou les choses proches du locuteur.

• **Aquell**, *ce*/ **aquella**, *cette*/ **aquells**, *ces*/ **aquelles**, *ces* pour les personnes, les choses éloignées du locuteur dans l'espace ou dans le temps.

• **Això**, *ceci* : pronom démonstratif neutre pour désigner un objet près du locuteur.

- **Allò**, *cela* pour désigner un objet loin du locuteur.

4. LES POSSESSIFS

	masc. sing.	fém. sing.	masc. plur.	fém. plur.
1re pers. sing.	**meu**	**meva**	**meus**	**meves**
2e pers. sing.	**teu**	**teva**	**teus**	**teves**
3e pers. sing.	**seu**	**seva**	**seus**	**seves**
1re pers. pl.	**nostre**	**nostra**	**nostres**	**nostres**
2e pers. pl.	**vostre**	**vostra**	**vostres**	**vostres**
3e pers. pl.	**seu**	**seva**	**seus**	**seves**

5. LES QUANTITATIFS

masc. sing.	fém. sing.	masc. plur.	fém. plur.
quant, *combien (de)*	**quanta**	**quants**, *combien (de)*	**quantes**
tant, *tant (de)*	**tanta**, *autant (de)*	**tants**, *tants (de)*	**tantes**, *autants (de)*
molt, *beau-coup (de)*	**molta**	**molts**, *beaucoup (de)*	**moltes**
poc, *peu (de)*	**poca**	**pocs**, *peu (de)*	**poques**
bastant, *assez (de)*		**bastants**, *pas mal (de)*	
gaire*, *guère (de)*		**gaires***, *beaucoup (de), trop (de)*	

6. LES VERBES

6.1. Les verbes modèles

- **Infinitif**

1re conjugaison	**parlar**, *parler*
2e conjugaison	**perdre**, *perdre*
3e conjugaison	**servir**, *servir* ; **dormir**, *dormir*

- **Indicatif present**

1ʳᵉ conjugaison	2ᵉ conjugaison
jo parlo, je parle	**jo perdo**, je perds
tu parles, tu parles	**tu perds**, tu perds
ell/ella/vostè parla, il/elle parle	**ell/ella/vostè perd**, il/elle perd
nosaltres parlem, nous parlons	**nosaltres perdem**, nous perdons
vosaltres parleu, vous parlez	**vosaltres perdeu**, vous perdez
ells/elles/vostès parlen, ils/elles parlent	**ells/elles/vostès perden**, ils/elles perdent
3ᵉ conjugaison	
jo serveixo, je sers	**jo dormo**, je dors
tu serveixes, tu sers	**tu dorms**, tu dors
ell/ella/vostè serveix, il/elle sert	**ell/ella/vostè dorm**, il/elle dort
nosaltres servim, nous servons	**nosaltres dormim**, nous dormons
vosaltres serviu, vous servez	**vosaltres dormiu**, vous dormez
ells/elles/vostès serveixen, ils/elles servent	**ells/elles/vostès dormen**, ils/elles dorment

- **Indicatif imparfait**

1ʳᵉ conjugaison	2ᵉ conjugaison	3ᵉ conjugaison
jo parlava, je parlais	**jo perdia**, je perdais	**jo servia**, je servais
tu parlaves, tu parlais	**tu perdies**, tu perdais	**tu servies**, tu servais
ell/ella/vostè parlava, il/elle parlait	**ell/ella/vostè perdia**, il/elle perdait	**ell/ella/vostè servia**, il/elle servait
nosaltres parlàvem, nous parlions	**nosaltres perdíem**, nous perdions	**nosaltres servíem**, nous servions
vosaltres parlàveu, vous parliez	**vosaltres perdíeu**, vous perdiez	**vosaltres servíeu**, vous serviez
ells/elles/vostès parlaven, ils/elles parlaient	**ells/elles/vostès perdien**, ils/elles perdaient	**ells/elles/vostès servien**, ils/elles servaient

• Passé simple

1ʳᵉ conjugaison	2ᵉ conjugaison	3ᵉ conjugaison
jo parlí, *je parlai*	**jo perdí**, *je perdis*	**jo serví**, *je servis*
tu parlares, *tu parlas*	**tu perderes**, *tu perdis*	**tu servires**, *tu servis*
ell/ella/vostè parlà, *il/elle parla*	**ell/ella/vostè perdé**, *il/elle perdit*	**ell/ella/vostè serví**, *il/elle servit*
nosaltres parlàrem, *nous parlâmes*	**nosaltres perdérem**, *nous perdîmes*	**nosaltres servírem**, *nous servîmes*
vosaltres parlàreu, *vous parlâtes*	**volsaltres perdéreu**, *vous perdîtes*	**vosaltres servíreu**, *vous servîtes*
ells/elles/vostès parlaren, *ils/elles parlèrent*	**ells/elles/vostès perderen**, *ils/elles perdirent*	**ells/elles/vostès serviren**, *ils/elles servirent*

• Passé simple périphrastique

1ʳᵉ conjugaison	2ᵉ conjugaison	3ᵉ conjugaison
jo vaig parlar, *j'ai parlé*	**jo vaig perdre**, *j'ai perdu*	**jo vaig servir**, *j'ai servi*
tu vas parlar, *tu as parlé*	**tu vas perdre**, *tu as perdu*	**tu vas servir**, *tu as servi*
ell/ella/vostè va parlar, *il/elle a parlé*	**ell/ella/vostè va perdre**, *il/elle a perdu*	**ell/ella/vostè va servir**, *il/elle a servi*
nosaltres vam parlar, *nous avons parlé*	**nosaltres vam perdre**, *nous avons perdu*	**nosaltres vam servir**, *nous avons servi*
vosaltres vau parlar, *vous avez parlé*	**vosaltres vau perdre**, *vous avez perdu*	**vosaltres vau servir**, *vous avez servi*
ells/elles/vostès van parlar, *ils/elles ont parlé*	**ells/elles/vostès van perdre**, *ils/elles ont perdu*	**ells/elles/vostès van servir**, *ils/elles ont servi*

• Passé composé

1ʳᵉ conjugaison	2ᵉ conjugaison	3ᵉ conjugaison
jo he parlat, *j'ai parlé*	**jo he perdut**, *j'ai perdu*	**jo he servit**, *j'ai servi*
tu has parlat, *tu as parlé*	**tu has perdut**, *tu as perdu*	**tu has servit**, *tu as servi*
ell/ella/vostè ha parlat, *il/elle a parlé*	**ell/ella/vostè ha perdut**, *il/elle a perdu*	**ell/ella/vostè ha servit**, *il/elle a servi*

nosaltres hem parlat, *nous avons parlé*	nosaltres hem perdut, *nous avons perdu*	nosaltres hem servit, *nous avons servi*
vosaltres heu parlat, *vous avez parlé*	vosaltres heu perdut, *vous avez perdu*	vosaltres heu servit, *vous avez servi*
ells/elles/vostès han parlat, *ils/elles ont parlé*	ells/elles/vostès han perdut, *ils/elles ont perdu*	ells/elles/vostès han servit, *ils/elles ont servi*

• **Futur**

1ʳᵉ conjugaison	2ᵉ conjugaison	3ᵉ conjugaison
jo parlaré, *je parlerai*	jo perdré, *je perdrai*	jo serviré, *je servirai*
tu parlaràs, *tu parleras*	tu perdràs, *tu perdras*	tu serviràs, *tu serviras*
ell/ella/vostè parlarà, *il/elle parlera*	ell/ella/vostè perdrà, *il/elle perdra*	ell/ella/vostè servirà, *il/elle servira*
nosaltres parlarem, *nous parlerons*	nosaltres perdrem, *nous perdrons*	nosaltres servirem, *nous servirons*
vosaltres parlareu, *vous parlerez*	vosaltres perdreu, *vous perdrez*	vosaltres servireu, *vous servirez*
ells/elles/vostès parlaran, *ils/elles parleront*	ells/elles/vostès perdran, *ils/elles perdront*	ells/elles/vostès serviran, *ils/elles serviront*

• **Conditionnel present**

1ʳᵉ conjugaison	2ᵉ conjugaison	3ᵉ conjugaison
jo parlaria, *je parlerais*	jo perdria, *je perdrais*	jo serviria, *je servirais*
tu parlaries, *tu parlerais*	tu perdries, *tu perdrais*	tu serviries, *tu servirais*
ell/ella/vostè parlaria, *il/elle parlerait*	ell/ella/vostè perdria, *il/elle perdrait*	ell/ella/vostè serviria, *il/elle servirait*
nosaltres parlaríem, *nous parlerions*	nosaltres perdríem, *nous perdrions*	nosaltres serviríem, *nous servirions*
vosaltres parlaríeu, *vous parleriez*	vosaltres perdríeu, *vous perdriez*	vosaltres serviríeu, *vous serviriez*
ells/elles/vostès parlarien, *ils/elles parleraient*	ells/elles/vostès perdrien, *ils/elles perdraient*	ells/elles/vostès servirien, *ils/elles serviraient*

- **Impératif**

1ʳᵉ conjugaison	2e conjugaison
parla, *parle*	**perd**, *perds*
parli, *parlez*	**perdi**, *perdez*
parlem, *parlons*	**perdem**, *perdons*
parleu, *parlez*	**perdeu**, *perdez*
parlin, *parlez*	**perdin**, *perdez*
3ᵉ conjugaison	
serveix, *sers*	**dorm**, *dors*
serveixi, *servez*	**dormi**, *dormez*
servim, *servons*	**dormim**, *dormons*
serviu, *servez*	**dormiu**, *dormez*
serveixin, *servez*	**dormin**, *dormez*

- **Subjonctif présent**

1ʳᵉ conjugaison	2ᵉ conjugaison
que jo parli, *que je parle*	**que ell/ella/vostè perdi**, *que je perde*
que tu parlis, *que tu parles*	**que tu perdis**, *que tu perdes*
que ell/ella/vostè parli, *qu'il/elle parle*	**que ell/ella/vostè perdi**, *qu'il/elle perde*
que nosaltres parlem, *que nous parlions*	**que nosaltres perdem**, *que nous perdions*
que vosaltres parleu, *que vous parliez*	**que vosaltres perdeu**, *que vous perdiez*
que ells parlin, *qu'ils/elles parlent*	**que ells perdin**, *qu'ils/elles perdent*
3ᵉ conjugaison	
que jo serveixi, *que je serve*	**que jo dormi**, *que je dorme*
que tu serveixis, *que tu serves*	**que tu dormis**, *que tu dormes*
que ell/ella/vostè serveixi, *qu'il/elle serve*	**que ell/ella/vostè dormi**, *qu'il/elle dorme*
que nosaltres servim, *que nous servions*	**que nosaltres dormim**, *que nous dormions*
que vosaltres serviu, *que vous serviez*	**que vosaltres dormiu**, *que vous dormiez*
que ells serveixin, *qu'ils/elles servent*	**que ells/ells/vostès dormin**, *qu'ils/elles dorment*

- **Subjonctif imparfait**

1re conjugaison	2e conjugaison	3e conjugaison
que jo parlés, *que je parlasse*	**que jo perdés**, *que je perdisse*	**que jo servís**, *que je servisse*
que tu parlessis, *que tu parlasses*	**que tu perdessis**, *que tu perdisses*	**que tu servíssis**, *que tu servisses*
que ell/ella/vostè parlés, *qu'il/elle parlât*	**que ell/ella/vostè perdés**, *qu'il/elle perdît*	**que ell/ella/vostè servís**, *qu'il/elle servît*
que nosaltres parléssim, *que nous parlassions*	**que nosaltres perdéssim**, *que nous perdissions*	**que nosaltres servíssim**, *que nous servissions*
que vosaltres parléssiu, *que vous parlassiez*	**que vosaltres perdéssiu**, *que vous perdissiez*	**que vosaltres servíssiu**, *que vous servissiez*
que ells/elles/vostès parlessin, *qu'ils/elles parlassent*	**que ells/elles/vostès perdessin**, *qu'ils/elles perdissent*	**que ells/elles/vostès servissin**, *qu'ils/elles servissent*

- **Gérondif**

1re conjugaison	**parlant**, *en parlant*
2e conjugaison	**perdent**, *en perdant*
3e conjugaison	**servint**, *en servant* ; **dormint**, *en dormant*

- **Participe passé**

1re conjugaison	2e conjugaison	3e conjugaison
parlat, *parlé*	**perdut**, *perdu*	**servit**, *servi*
parlada, *parlée*	**perduda**, *perdue*	**servida**, *servie*
parlats, *parlés*	**perduts**, *perdus*	**servits**, *servis*
parlades, *parlées*	**perdudes**, *perdues*	**servides**, *servies*

6.2 Voici les verbes *ésser* et *estar*, être, irréguliers

Ind. présent	Ind. imparfait	Passé simple	Futur
jo soc, *je suis*	**jo era**, *j'étais*	**jo fui**, *je fus*	**jo seré**, *tu serai*
tu ets, *tu es*	**tu eres**, *tu étais*	**tu fores**, *tu fus*	**tu seràs**, *tu seras*

ell/ella/vostè és, il/elle est	**ell/ella/vostè era**, il/elle était	**ell/ella/vostè fou**, il/elle fut	**ell/ella/vostè serà**, il/elle sera
nosaltres som, nous sommes	**nosaltres érem**, nous étions	**nosaltres fórem**, nous fûmes	**nosaltres serem**, nous serons
vosaltres sou, vous êtes	**vosaltres éreu**, vous étiez	**vosaltres fóreu**, vous fûtes	**vosaltres sereu**, vous serez
ells/elles/vostès són, ils/elles sont	**ells/elles/vostès eren**, ils/elles étaient	**ells/elles/vostès foren**, ils/elles furent	**ells/elles/vostès seran**, ils/elles seront

Subj. présent	Subj. imparfait	Conditionnel	Impératif
que jo sigui, que je sois	**que jo fos**, que je fusse	**jo seria**, que je serais	-
que tu siguis, que tu sois	**que tu fossis**, que tu fusses	**tu series**, que tu serais	**sigues**, sois
que ell/ella/vostè sigui, qu'il/elle soit	**que ell/ella/vostè fos**, qu'il/elle fût	**ell/ella/vostè seria**, qu'il/elle serait	**sigui**, sois
que nosaltres siguem, que nous soyons	**que nosaltres fóssim**, que nous fussions	**nosaltres seríem**, que nous serions	**siguem**, soyons
que vosaltres sigueu, que vous soyez	**que vosaltres fóssiu**, que vus fussiez	**vosaltres seríeu**, que vous seriez	**sigueu**, soyez
que ells/elles/vostès siguin, qu'ils/elles soient	**que ells/elles/vostès fossin**, qu'ils/elles fussent	**ells/elles/vostès serien**, qu'ils/elles seraient	**siguin**, soyez

Gérondif : essent (**sent**), en étant
Participe passé : estat (**sigut**)/estada (**siguda**)/estats (**siguts**)/estades (**sigudes**), été/e/s

– **estar**, être

Ind. présent	Ind. imparfait	Passé simple	Futur
jo estic, je suis	**jo estava**, j'étais	**jo estiguí**, je fus	**jo estaré**, je serai

tu estàs, *tu es*	**tu estaves**, *tu étais*	**tu estigueres**, *tu fus*	**tu estaràs**, *tu seras*
ell/ella/vostè està, *il/elle est*	**ell/ella/vostè estava**, *il/elle était*	**ell/ella/vostè estigué**, *il/elle fut*	**ell/ella/vostè estarà**, *il/elle sera*
nosaltres estem, *nous sommes*	**nosaltres estàvem**, *nous étions*	**nosaltres estiguérem**, *nous fûmes*	**nosaltres estarem**, *nous serons*
vosaltres esteu, *vous êtes*	**vosaltres estàveu**, *vous étiez*	**vosaltres estiguéreu**, *vous fûtes*	**vosaltres estareu**, *vous serez*
ells/elles/vostès estan, *ils/elles sont*	**ells/elles/vostès estaven**, *ils/elles étaient*	**ells/elles/vostès estigueren**, *ils/elles furent*	**ells/elles/vostès estaran**, *ils/elles seront*

Subj. présent	Subj. imparfait	Conditionnel	Impératif
que jo estigui, *que je sois*	**que jo estigués**, *que je fusse*	**jo estaria**, *je serais*	ü-
que tu estiguis, *que tu sois*	**que tu estiguessis**, *que tu fusses*	**tu estaries**, *tu serais*	**estigues**, *sois*
que ell/ella/vostè estigui, *qu'il/elle soit*	**que ell/ella/vostè estigués**, *qu'il/elle fût*	**ell/ella/vostè estaria**, *il/elle serait*	**estigui**, *soyez*
que nosaltres estiguem, *que nous soyons*	**que nosaltres estiguéssim**, *que nous fussions*	**nosaltres estaríem**, *nous serions*	**estiguem**, *soyons*
que vosaltres estigueu, *que vous soyez*	**que vosaltres estiguéssiu**, *que vous fussiez*	**vosaltres estaríeu**, *vous seriez*	**estigueu**, *soyez*
que ells/elles/vostès estiguin, *qu'ils/elles soient*	**que ells/elles/vostès estiguessin**, *qu'ils/elles fussent*	**Ells/elles/vostès estarien**, *ils/elles seraient*	**estiguin**, *soyez*

Gérondif : **estant**, *en étant*
Participe passé : **estat/estada/estats/estades**, *été/e/s*

7. NOMBRES

Nombre	Cardinaux	Nombre	Cardinaux
1	**un**, **una**	13	**tretze**
2	**dos**, **dues**	14	**catorze**
3	**tres**	15	**quinze**
4	**quatre**	16	**setze**
5	**cinc**	17	**disset**
6	**sis**	18	**divuit**
7	**set**	19	**dinou**
8	**vuit**	20	**vint**
9	**nou**	21	**vint-i-un/una**
10	**deu**	22	**vint-i-dos/dues**
11	**onze**	23	**vint-i-tres**
12	**dotze**		

30	**trenta**	31	**trenta-un/una**
		32	**trenta-dos/dues**
40	**quaranta**	41	**quaranta-un/una**
50	**cinquanta**		
60	**seixanta**		
70	**setanta**		
80	**vuitanta**		
90	**noranta**		
100	**cent**		

200	**dos-cents/dues-centes**	600	**sis-cents/centes**
300	**tres-cents/tres-centes**		
400	**quatre-cents/centes**	1 000	**mil**
500	**cinc-cents/centes**	2 000	**dos mil/dues mil**
		1 000 000	**(un) milió**

Tous les nombres cardinaux sont invariables, sauf **un** qui devient **una** au féminin (de même dans les composés **trenta-un/trenta-una**), **dos** qui fait **dues** (également **dues-centes**, **dues mil**) et les multiples de **cent** qui se transforment en **centes** au féminin : **dues-centes**, **set-centes** …

Conception graphique, couverture et intérieur : Sarah Boris
Relecture allemande : Christine Hansen Müller
Ingénieur du son : Léonard Mule @ Studio du Poisson Barbu

© 2024, Assimil.
Dépôt légal : avril 2024
N° d'édition : 4341
ISBN : 978 2 7005 0916 8
www.assimil.com

Achevé d'imprimer en République Tchèque